◆ 글 **조성배**

인간이 어떻게 생각하고 의식을 갖는지에 호기심을 갖고, 지능 컴퓨터를 만드는 과학자를 꿈꾸며
40년간 인공지능을 공부해 왔습니다. 한국과학기술원(KAIST)에서 박사학위를 받고,
일본 ATR 인간정보통신연구소, 캐나다 브리티시컬럼비아대학교 등에서 재임했으며,
현재는 연세대학교 컴퓨터과학과 교수이자 인공지능대학원 원장입니다. 인공지능 분야에서
수많은 연구자가 인용하는 다수의 학술논문을 저술하여, 연세대학교 펠로우(2023),
대한민국정부 근정포장(2022), 연세대학교 언더우드특훈교수(2021),
가헌학술상(2017), 한국정보과학회 학술상(2005) 등을 수상했습니다.
지금까지 쓴 책으로는 《우리는 인공지능과 함께할 수 있을까?》, 《왜 인공지능이 문제일까?》,
《데이터 천재들은 어떻게 기획하고 분석할까?》(공저) 등이 있습니다.

◆ 글 **최항숙**

역사와 문화, 철학 등 인문 분야에 관한 책 읽기와 재미있는 상상하기를 즐겨하다, 어린이 책을 기획하고
쓰기 시작했습니다. 아들을 키우면서 수학과 과학에 관심을 두기 시작했고, 아들이 영재학교에 진학하면서
덩달아 첨단 과학과 미래 사회에 흥미를 갖게 되었습니다. 그리고 10년 뒤, 50년 뒤, 300년 뒤의
사람과 사회를 공부하고 생각하다, 《넥스트 레벨》 시리즈를 기획하고 집필하게 되었습니다.
지금까지 기획하고 쓴 책으로는 《수수께끼보다 재미있는 100대 호기심》, 《우글와글 미생물을 찾아봐》,
《아침부터 저녁까지 과학은 바빠》, 《엉뚱하지만 과학입니다》 시리즈 등이 있습니다.

◆ 그림 **젠틀멜로우**

우리 주변에서 흔히 볼 수 있는 자연과 사물에 감정을 담아서 생각을 그림으로 표현하는 작업을
해 오고 있습니다. 동화책뿐 아니라 전시, 패키지, 책 표지, 포스터, 삽화 등 다양한 분야에서 활동합니다.
지금까지 그린 책으로는 《Ah! Art Once》, 《Ah! Physics Electrons GO GO GO!》,
《열세 살 말 공부》, 《엉뚱하지만 과학입니다 7 나만 몰랐던 코딱지의 정체》, 《색 모으는 비비》,
국립제주박물관 어린이박물관 도록 《안녕, 제주!》 등이 있습니다.

넥스트 레벨 인공지능

조성배·최향숙 글 | 젠틀멜로우 그림

차례

이 책을 보는 법 4

프롤로그 **우리 모두의 인공지능** 8

Level 1　ChatGPT! 넌 누구야?
생성형 AI와 인공지능의 발달

다큐툰 **나만 몰랐나? ChatGPT!** 12

Check it up 1. 시사
ChatGPT, 누구냐 넌? 22

Check it up 2. 기업
세계 최고 기업들의 인공지능 프로그램과 서비스 30

Check it up 3. 상식
인공지능, 어떻게 발전하고 어떻게 만들까? 36

Level 2　빅데이터와 컴퓨팅 파워
인공지능을 인공지능답게 하는 기술

다큐툰 **인공지능 시대의 원유, 빅데이터** 46

Check it up 1. 시사
데이터Data가 머니Money? 56

Check it up 2. 상식
데이터와 컴퓨터 63

Check it up 3. 기술
인공지능과 통신 기술 70

Level 3 인공지능 전쟁이다!
인공지능에 미래를 건 기업들

다큐툰 인공지능이 시장을 바꾼다? ······ 78

Check it up 1. 시사
인공지능의 발달과 인터넷 시장의 변화 ······ 84

Check it up 2. 산업
인공지능의 발달과 산업의 변화 ······ 91

Check it up 3. 환경
인공지능과 탄소 발자국 ······ 101

Next Level 인공지능, 유비무환
슬기롭게 인공지능 시대를 사는 법

다큐툰 그들은 왜? ······ 110

Check it up 1. 유비무환 ①
일자리 감소와 빈익빈 부익부 ······ 118

Check it up 2. 유비무환 ②
가짜 뉴스와 지식의 실종 ······ 126

Check it up 3. 유비무환 ③
사이코패스 인공지능과 인간보다 똑똑한 인공지능 ······ 133

Another Round 우리는 Next Level! ······ 141

| 프롤로그 | # 우리 모두의 인공지능

공상과학 영화에서나 등장하던 인공지능이
어느 날인가부터 우리 곁에서 함께하고 있습니다.
사람처럼 말을 이해하고 긴 원고를 요약해 주거나 영어로
자유자재로 번역까지 해주는 인공지능, ChatGPT(챗GPT-미국 회사
오픈AI에서 공개한 인공지능 기반 챗봇 서비스)까지 등장했습니다. 심지어는
말로 설명하면 그에 해당하는 그림을 자동으로 그려내기도 합니다.

도대체 인공지능은 이런 걸 어떻게 하고, 어디까지 가능한 걸까요?

이 책은 그런 궁금증을 하나씩 풀어내고 싶은 마음에
집필하기 시작했습니다. 30여 년 넘게 인공지능을
공부해 오면서 어린 학생들에게 꼭 해주고 싶었던 말들을
모아 도움이 되는 책을 만들고 싶었습니다.

먼저 70년 가까운 역사를 가진 인공지능의 실체와 함께
그와 직간접적으로 연관된 빅데이터와 슈퍼컴퓨터는 물론이고

4차 산업혁명, 자율 주행차, 메타버스, 탄소 발자국에 이르기까지
인공지능이 영향을 미치는 여러 가지 주제에 대해 생각해 봅니다.
마지막에는 인공지능이 가져올 문제인 일자리 감소와 소득 불균형,
가짜 뉴스와 반윤리적 초지능의 위험을 그 대비책과 함께
알아볼 것입니다.

이제 인공지능은 일부 전문가만이 아니라 누구라도 제대로
이해하고 활용하지 못하면 살아 나가기 어려운 세상이 되었습니다.
이 책을 통해, 인공지능이 이전 과학기술들과 왜 그리고 무엇이
다른지 여러분이 잘 이해했으면 합니다. 그 점이 이해된다면
인공지능의 발전이 개인과 사회에 미칠 긍정적, 부정적
영향을 예상할 수 있을 것입니다.

한발 더 나아가 인공지능이라는 거인의 어깨 위에 올라서서
더 멀리 더 잘 내다보고 나아가는 데 이 책이 유익한 길잡이가
되길 바랍니다.

2023년, 전 세계가 ChatGPT로 들썩였어.
GPT는 미리 학습해서 생성하는
인공지능 프로그램이야.
Chat이 붙은 건 대화를 생성하는
인공지능 프로그램이기 때문이지.
대화형 인공지능은 그전에도 있었는데
왜 ChatGPT가 공개되고 난리가 난 걸까?
그 이유를 살펴보며 인공지능을 알아가자고!

Level 1

ChatGPT! 넌 누구야?
생성형 AI와 인공지능의 발달

나만 몰랐나? ChatGPT!

> Check it up 1 　시사

ChatGPT, 누구냐 넌?

인터넷 통신을 통해, 실시간으로 키보드로 문자를 주고받으며 대화하는 걸 보통 채팅chatting이라고 해.

ChatGPT의 Chat은 바로 채팅의 Chat이야. Chat은 이야기하다, 수다 떨다, 잡담하다 등의 뜻을 가진 영어 단어지.

GPT는 Generative Pre-trained Transformer의 약자야.

Generative는 '생성하는'이라는 뜻이고

Pre-trained는 '미리 학습했다'라는 뜻이지.

Transformer는 인공지능 학습 프로그램 중 하나야.

그러니까 ==GPT는 미리 학습한 데이터를 기반으로 생성하는 인공지능 프로그램==이야.

그런데, 뭘 미리 학습했고, 뭘 생성하느냐?

GPT가 미리 학습하고 생성하는 건 바로 우리가 사용하는 언어야.

그러니까 ChatGPT는 한 마디로

GPT를 기반으로 한 대화형 인공지능 서비스라고 할 수 있고,

여기서 중요한 건 생성형 인공지능인 GPT야.

인공지능을 만들려면,

무엇보다도 먼저 우리 말을 알아듣는 프로그램이 필요해.

말을 알아들어야 대화를 나누든, 뭘 시키든 할 게 아냐?

그래서 인공지능을 연구하는 과학자들은

자연어 처리 분야에 많은 공을 들였어.

자연어 처리는 컴퓨터를 이용해서 우리가 쓰는 언어, 즉 자연어를

이해하고 검색하고 번역하고 처리하는 기술이야.

우리가 포털사이트에서 검색하고 번역하는 것,

스마트폰이나 내비게이터에 음성으로 명령하는 것,

인공지능 스피커나 챗봇과 대화하는 것 등이

자연어 처리 기술을 이용한 서비스들이지.

이런 프로그램들이 나왔을 때 사람들의 반응은

번역 프로그램을 이용하면 외국 여행 가기 쉽겠다,

챗봇을 잘 이용하면 전화 응답 서비스를 대체할 수 있어 좋겠다,

AI 비서가 있으면 스케줄 정리에 도움이 되겠다

뭐, 이런 정도였어.

그런데 GPT가 등장하자

사람들은 까~~~암짝! 놀랐어.

정확하게는 2019년 GPT-2가 등장했을 때였어.

GPT-2는 GPT를 약 1년 동안 업그레이드한 거야.

GPT-2에 아래와 같은 문장을 줘봤어.

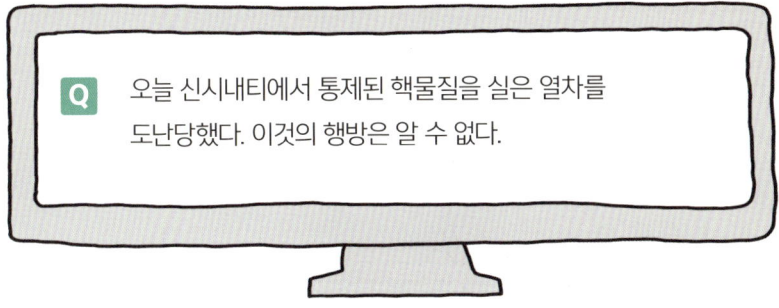

Q 오늘 신시내티에서 통제된 핵물질을 실은 열차를 도난당했다. 이것의 행방은 알 수 없다.

그랬더니…… 마치 사람이 쓴 것처럼,

자동으로 다음 문장을 써 내려가는 거야.

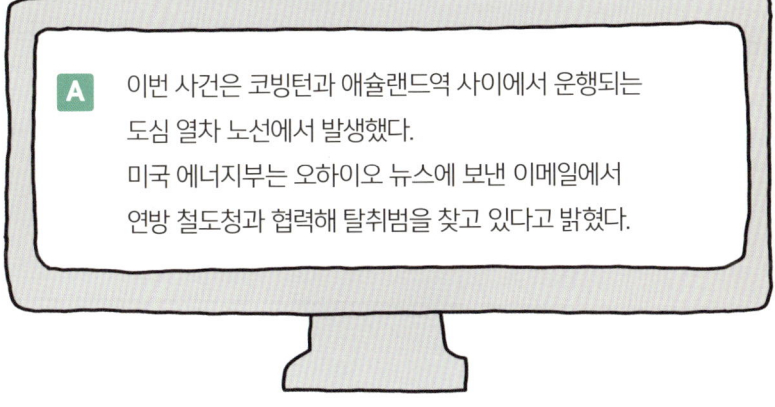

A 이번 사건은 코빙턴과 애슐랜드역 사이에서 운행되는 도심 열차 노선에서 발생했다.
미국 에너지부는 오하이오 뉴스에 보낸 이메일에서 연방 철도청과 협력해 탈취범을 찾고 있다고 밝혔다.

기사라는 글의 형식에도 맞고, 내용도 그럴싸했어.

핵물질을 실은 열차가 도난당한 사건은 없었는데도 말이야!

사람들은 열광했어.

그 후 1년 동안 GPT는 더욱 업그레이드됐어.

2020년 공개된 GPT-3는 기사뿐만 아니라 희곡, 소설과 같은 문학 작품까지 썼어! 그리고 2022년 11월 30일, GPT-3.5가 공개됐는데,

얘가 또 한 번 사람들의 눈을 번쩍 뜨이게 했어.

미국 대학 입학시험, 변호사 시험과 같은 고난도 시험을 통과했거든.

그리고 약 4개월 뒤인 2023년 3월 14일, GPT-4가 나왔어.

얘가 진짜 대단했어.

미국 변호사 시험을 GPT-3.5는 겨우 통과했는데,

GPT-4는 상위 10% 성적으로 통과했어.

미국 대학 입학시험인 SAT의 경우, GPT-3.5는 읽기 및 쓰기에서

670점, 수학에서는 590점을 받았는데 GPT-4는 읽기 및 쓰기에서

710점, 수학은 700점을 받았어. GPT-3.5는 미국 고3 수험생 중 상위

16~19% 정도의 수준이었다면, GPT-4는 상위 4~7% 학생인 셈이야.

의학 지식 자가 진단의 정답률도 GPT-3.5는 53%이었지만,

GPT-4는 75%로 향상됐지.

사람들은 놀라움을 넘어 경악했어.

여기서 끝이 아니야.

GPT-4는 이미지도 인식할 수 있었어.

문장으로 '달걀과 우유, 밀가루, 소금, 설탕으로
무엇을 만들 수 있을까?'라고 물을 수도 있지만,
아래와 같은 사진을 입력하면서
"이 재료로 무엇을 만들 수 있을까?" 하고 물을 수 있는 거야.

그러자 이렇게 대답했지.

> **A** 이 재료로 무엇을 만들 수 있는지에 대한 많은 옵션이
> 있습니다! – 팬케이크 또는 와플 – 크레이프 – 프렌치토스트
> – 오믈렛 또는 프리타타 – 키슈 – 커스터드 또는 푸딩
> – 케이크 또는 컵케이크 – 머핀 또는 빵 – 쿠키 또는 비스킷
> 이것들은 몇 가지 예에 불과하지만 가능성은 무한합니다.

또 언어 능력과 창의력도 엄청났어.

'신데렐라'의 줄거리를 설명하는데 A~Z까지 알파벳 순으로, 각 단어가 시작되도록 문장을 구성하는 거지.

A Beautiful Cinderella, Dwelling Eagerly, Finally Gains Happiness; Inspiring Jealous Kin, Love Magically …….

이후 이런 프로그램들은 줄줄이 등장했어.
우리가 이름만 들어도 아는 기업들이 GPT와 같은 인공지능 프로그램을 만들고 ChatGPT와 같은 인공지능 서비스를 시작한 거야.

Check it up 2 | 기업

세계 최고 기업들의
인공지능 프로그램과 서비스

GPT를 개발하고 ChatGPT를 서비스하는 기업은 2015년 설립된 오픈AI라는 회사야.

처음 듣는 사람도 있겠지만, 그 유명한 일론 머스크가 공동으로 창립한 회사였어. 하지만 2019년 일론 머스크는 오픈AI의 주식을 모두 팔고 떠났고, 그 자리를 MS(마이크로소프트)가 차지했지. MS는 우리 돈으로 10조가 넘는 자본을 투자했어.

오픈AI는 GPT와 함께 '달리2' DALL-E2라는 인공지능도 개발했어. 달리2는 그림 그리는 인공지능인데, 솜씨가 정말 끝내줘.

> **Q** 우주인이 말 타고 있는 장면을 사진처럼 표현해라.

라고 했더니 아래와 같은 이미지를 만들어 냈어.

봐봐. 우주인이라는 말에, 진짜 우주인처럼 사람을 그렸어.
문장에 내포된 의미까지 이해한 거야.

달리2는 새로운 이미지를 생성할 뿐만 아니라
기존 이미지를 수정할 수도 있어.

> Q 수영장에 홍학을 배치하라.

라고 하니까 아래처럼 수정한 거야.

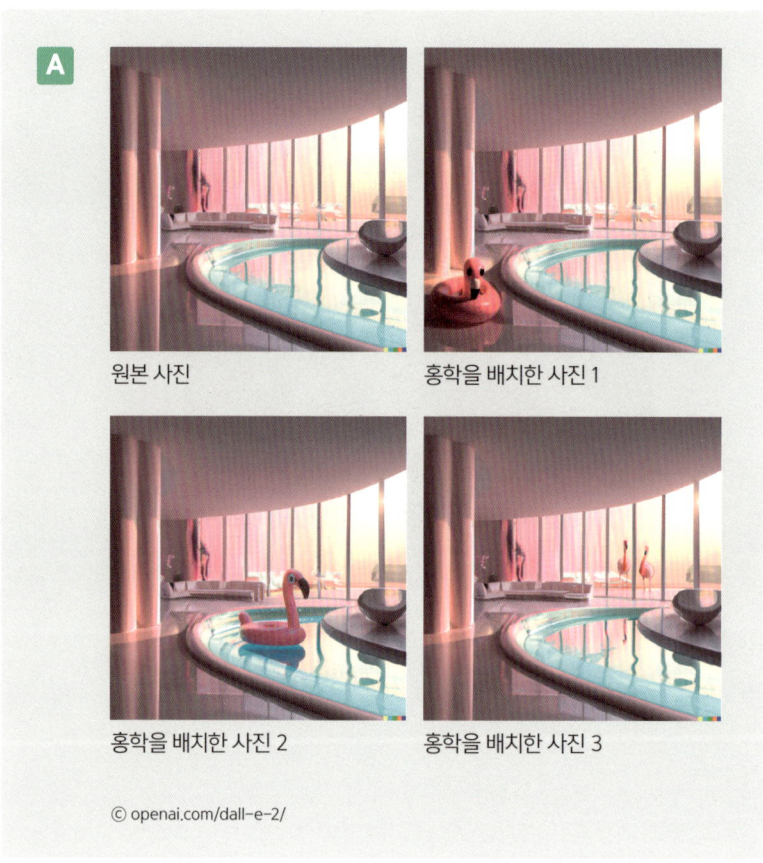

원본 사진

홍학을 배치한 사진 1

홍학을 배치한 사진 2

홍학을 배치한 사진 3

ⓒ openai.com/dall-e-2/

실내 수영장에는 튜브로 만든 장난감 홍학을

야외 수영장에는 진짜 홍학을 그려 넣었어.

그림자까지 완벽하게 표현했지!

말을 알아들었을 뿐만 아니라

우리가 살고 있는 세계의 관습과 자연법칙까지 반영해서

명령을 수행하는 아주 똑똑한 인공지능인 거야.

달리2는 자연어 처리 인공지능 프로그램과

이미지를 생성할 수 있는 인공지능 프로그램을 합쳐서 만들었어.

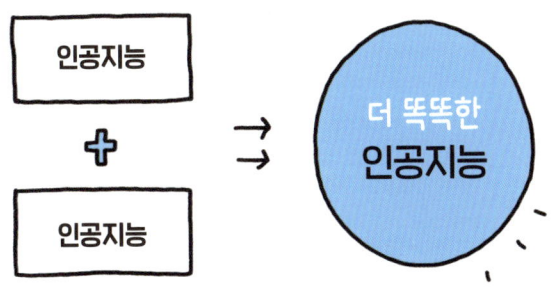

오픈AI는 사람의 말을 글로 변환해 주는

음성인식 인공지능 위스퍼Whisper도 개발했어.

위스퍼는 99개의 언어를 음성인식해서 영어로 변환할 수 있대.

위스퍼 역시 기본적으로 GPT 프로그램이 중요한 역할을 할 수밖에

없겠지?

그런데 오픈AI만 이런 프로그램과 서비스를 만든 게 아니야!
세계 최대 검색 사이트로 유명한 구글Google은
ChatGPT보다 조금 늦은 2023년 3월
바드Bard라는 대화형 인공지능 서비스를 시작했어.
바드는 구글이 개발한 람다LaMDA를 기반으로 해.
바드가 ChatGPT와 같은 대화형 인공지능 서비스라면,
람다LaMDA는 GPT-4처럼 생성형 인공지능이야.
페이스북의 메타META 역시
자신들이 개발한 생성형 인공지능 라마LLaMa를 기반으로
오픈AI와 구글에 도전장을 내밀었어.
GPT-4, 람다, 라마 모두 자연어 처리 기술을 기반으로 만들어진
생성형 인공지능이야.

중국의 대표적 인터넷 기업인 바이두도 ChatGPT의 대항마로
어니봇ERNIE Bot을 공개했어.
텐센트도 훈위안混元: 우주라는 뜻을 공개했지.
알리바바와 화웨이도 각자 고유한 언어 모델로
챗봇을 만들고 있어.

우리나라에도 네이버의 하이퍼클로바HyperClova, 카카오의 KoGPT, LG의 엑사원EXAONE 등이 있어.

전 세계적으로 지금까지 이런 인공지능을 개발할 수 있는 나라는 미국, 중국, 이스라엘과 더불어 우리나라뿐이야.
어때, 대단하지!

인공지능의 역사와 프로그램의 원리를 간단히 살펴보자.

Check it up 3 | 상식

인공지능, 어떻게 발전하고 어떻게 만들까?

인공지능의 역사는 굉장히 오래됐어.

인공지능이란 말이 처음 생겨난 게 정확히 1956년이야.

이때가 컴퓨터가 발명된 지 10년쯤 지났을 때인데

컴퓨터가 엄청나게 계산을 빨리 하니까

'사람 같은 지능을 가진 컴퓨터도 만들 수 있지 않을까?'

하는 생각을 하게 된 거야.

하지만 쉽지 않았어.

인공지능을 만들려고 프로그램을 짜고 지식을 입력했지만

그것만으로 사람 같은 지능을 가진 기계를 만들 수는 없었어.

왜냐고?

고양이를 보면, 5살짜리 아이도 고양이라는 걸 알아.
하지만 인공지능이 고양이를 알아차리게 하려면
고양이가 뭔지, 그 정의를 정확하게 알려 줘야 해.

그런데 고양이가 뭐야?
눈이 반짝반짝하고, 네 발로 걷고, 야옹 하며 울고, 긴 꼬리를
가졌고……. 인공지능이 고양이를 인식하려면,
고양이에 대해 이렇게 설명해야 하는데…….

그 …… 설 . 명 . 이 …… 한 . 도 …… 끝 . 도 …… 없 . 지 …….

이렇듯 인공지능이 고양이를 인식하는 게 불가능해 보이자
인공지능에 관한 관심도 시들해졌어.
어느새 인공지능에 관한 연구는 '양치기 소년' 취급까지 받았어.
뭐가 된다, 될 거다, 계속 말은 하는데 말만 혹하게 하지
실제로는 그럴싸한 게 없었던 거야.

하지만 과학자들은 인공지능 연구를 계속했고.
1990년 인터넷이 보급되면서 연구는 급진전을 이뤘어.
특히 머신러닝이란 인공지능 학습법의 발전이 두드러졌어.
머신러닝은 글자 그대로 기계 학습인데,
보통 세 가지 방식이 있어.

첫 번째는 문제와 답을 같이 주는 거야.
고양이 사진을 주고, "이건 고양이야!" 하고 알려 주는 거지.
이렇게 수십, 수백만 장의 고양이 사진을 보여 주며 고양이라고 알려
주면 인공지능이 뭐가 고양이인지 감을 잡아.

두 번째는 문제만 줘.

고양이, 강아지, 낙타, 독수리 등의 사진을 보여 주는 거야.

그러면 인공지능이 각 동물의 특징을 추출해서

고양이는 고양이끼리, 강아지는 강아지끼리 묶어.

스스로 특징을 추출하는 거지.

세 번째는 보상을 해주는 거야.

고양이, 강아지, 낙타 등을 잘 구분하면 점수를 주고,

잘못하면 점수를 주지 않거나 낮은 점수를 주는 거야.

그러면 인공지능이 점점 더 점수를 많이 받는 방향으로

개선되는 거지.

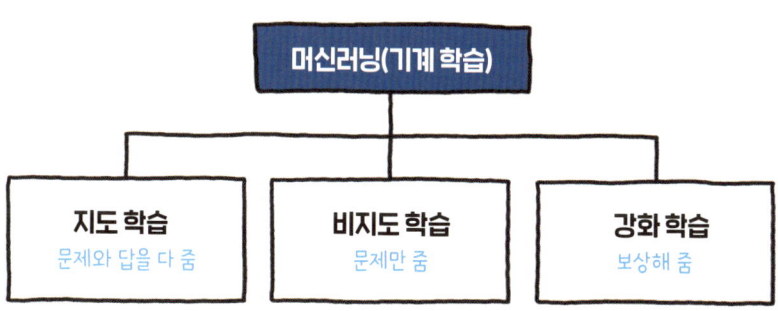

과학자들은 머신러닝을 더욱 발전시키려고
인간 뇌의 신경망 구조를 활용하기도 했어.
우리가 하는 지적 또는 신체적 활동은 뉴런이란 신경 세포가
서로 화학적, 전기적 자극을 주고받으며 일어나.
뉴런에 정보가 입력되면 연결된 쪽으로 결과가 출력되는데,
이런 방식으로 연결된 또 다른 뉴런으로 그 결과가 전달돼.
뉴런끼리 자극을 주고받는 연결 지점을 시냅스라고 하지.

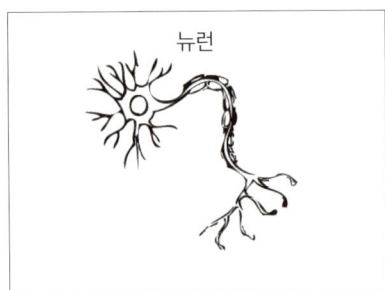
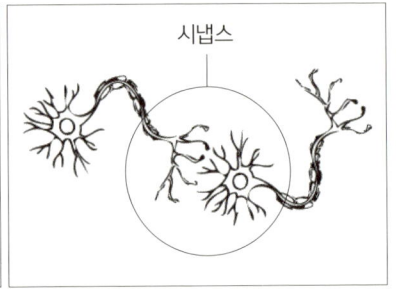

ⓒ wikidocs.net

이런 일련의 모든 과정은 화학적, 전기적 작용이라고 하는데,
아직 왜 이런 작용이 일어나는지는 잘 몰라.
그저 이런 작용 덕에 우리의 지적, 신체적 활동이 일어난다고
추측하고 있는 거야. 인공지능 연구자들은 이 구조를 참고해서
인공 신경망을 만들었어.

아래 그림을 보면 동그라미를 뉴런,

화살표(파라미터)를 시냅스라고 생각하면 돼.

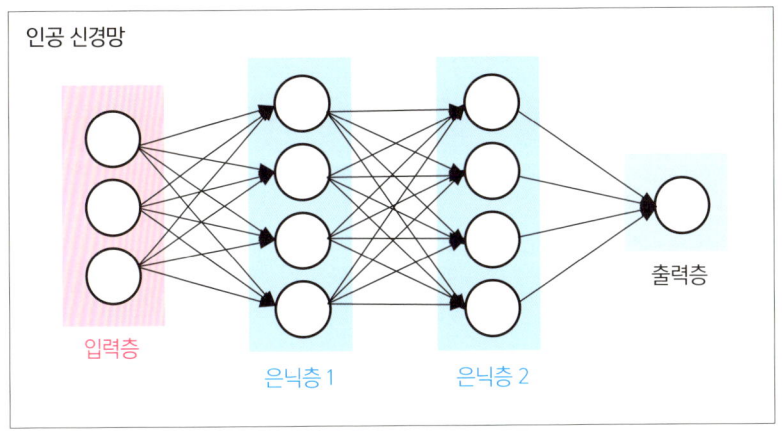

ⓒ artificial-neural-networks

우리 뇌의 신경망에서는 모든 입력과 출력이 화학적 전기적 작용을 통해 일어나지만, 인공 신경망에서는 인공지능 전문가가 프로그래밍한 수식으로 그 값이 계산돼.
그런데 우리가 어떤 걸 잘하게 되는 건 우리 뇌 속 시냅스의 강도가 결정한대. 영어를 배운다든지, 농구의 슛을 잘하게 되는 건 여러 번 연습으로 뇌 안의 신경 세포들이 연결된 시냅스의 강도가 높아지는 과정인 거야.

인공 신경망은 그것도 모방했어. 인공 신경망에서도 화살표의 강도가 다른 거야. 각 화살표의 강도를 미지수로 하고 학습을 통해 스스로 그 값을 결정하도록 한 거지. 우리 뇌의 신경망처럼 말이야.

그리고 화살표의 수, 즉 미지수를 엄청나게 늘렸어.

그러면 매우 복잡한 입출력 관계를 표현할 수 있게 돼서 다양한 문제를 해결하게 되는 거야.

이런 방식의 인공지능 학습법이 바로 '딥러닝'이야.

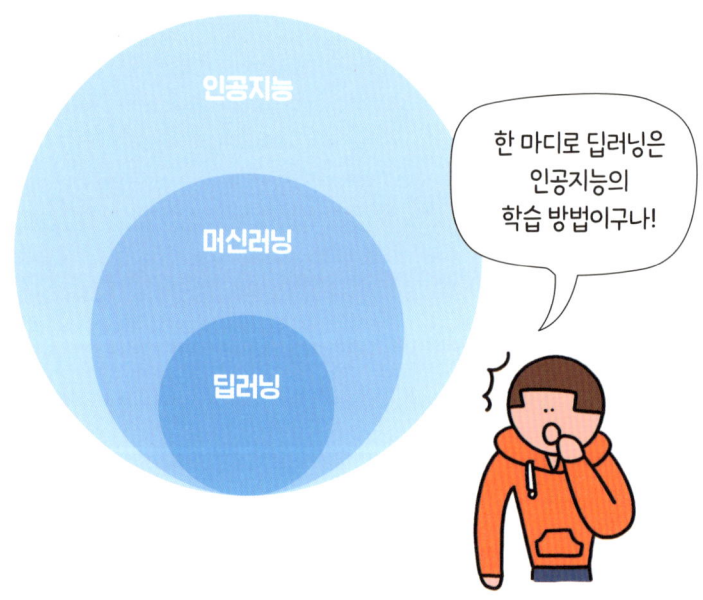

딥러닝은 2016년, 우리나라 이세돌 9단과 바둑 대결을 한

<mark>알파고</mark>의 등장으로 유명해졌어.

그리고 인공지능 학습법의 대명사가 됐지.

GPT를 만든 프로그램도 딥러닝 즉 인공 신경망을 이용한 거야.

사실 컴퓨터 과학자들이 인공 신경망을 개발한 건 아주 오래전이야.

하지만 이 기술이 빛을 보기 시작하고 하루가 다르게 발전하기

시작한 건 2010년 이후였어.

왜 그랬냐고?

이제부터 그 이유를 알아볼 거야.

1956년에 시작된 인공지능의 연구가
빛을 발하기 시작한 건, 1990년대 이후야.
그리고 2010년쯤부터 본격적으로 성과를 내기 시작했지.
인터넷과 통신 기술의 발달, 그리고 스마트폰 덕분에
엄청난 데이터가 쏟아져 나왔거든.
흔히 빅데이터라고 부르지.
지금부터 빅데이터가 뭔지 알아보고,
빅데이터와 인공지능의 관계를 알아볼 거야.
더불어 인공지능 개발과 발전에 꼭 필요한
컴퓨팅 파워와 통신 기술도 알아보자.

Level 2

빅데이터와 컴퓨팅 파워
인공지능을 인공지능답게 하는 기술

인공지능 시대의 원유, 빅데이터

이런 엄청난 데이터 덕에, 인공지능 연구는 오늘날과 같은 궤도에 오를 수 있었고, 이런 말까지 생겼지.

데이터는
인공지능 시대의 원유!

데이터

원유?

원유를 정제해서

휘발유, 등유, 경유와 같은 석유를 추출하는 거야!

그런데, 데이터가 뭘까?

	국어	수학	영어	과학
정수	80	55	88	76
명진	90	98	92	99
수인	78	100	79	100
남의	60	70	65	76

	서울	이스탄불	런던	LA
온도	-5	17	12	18
습도	56	66	70	55

데이터는 이처럼, 표로 나타내는 형식의 정보를 의미했어.
이런 데이터를 '정형 데이터'라고 해.

하지만 인터넷에는 정형이 아닌 데이터가 훨씬 많아.

우리가 쓰는 글, 찍은 사진, 그린 그림, 녹음한 음성 등등은 표의 형식이 아니야.
다만, 인터넷에 올리면서 디지털화되어 있을 뿐이지. 이런 모든 것이 데이터야.

우리가 하는 행동 역시 데이터가 돼.

우리가 쓴 카드 기록, 검색 기록, 동영상이나 영화 시청 기록 등등
모든 것이 디지털화된 데이터가 되지.
이런 데이터들을 '비정형 데이터'라고 해.

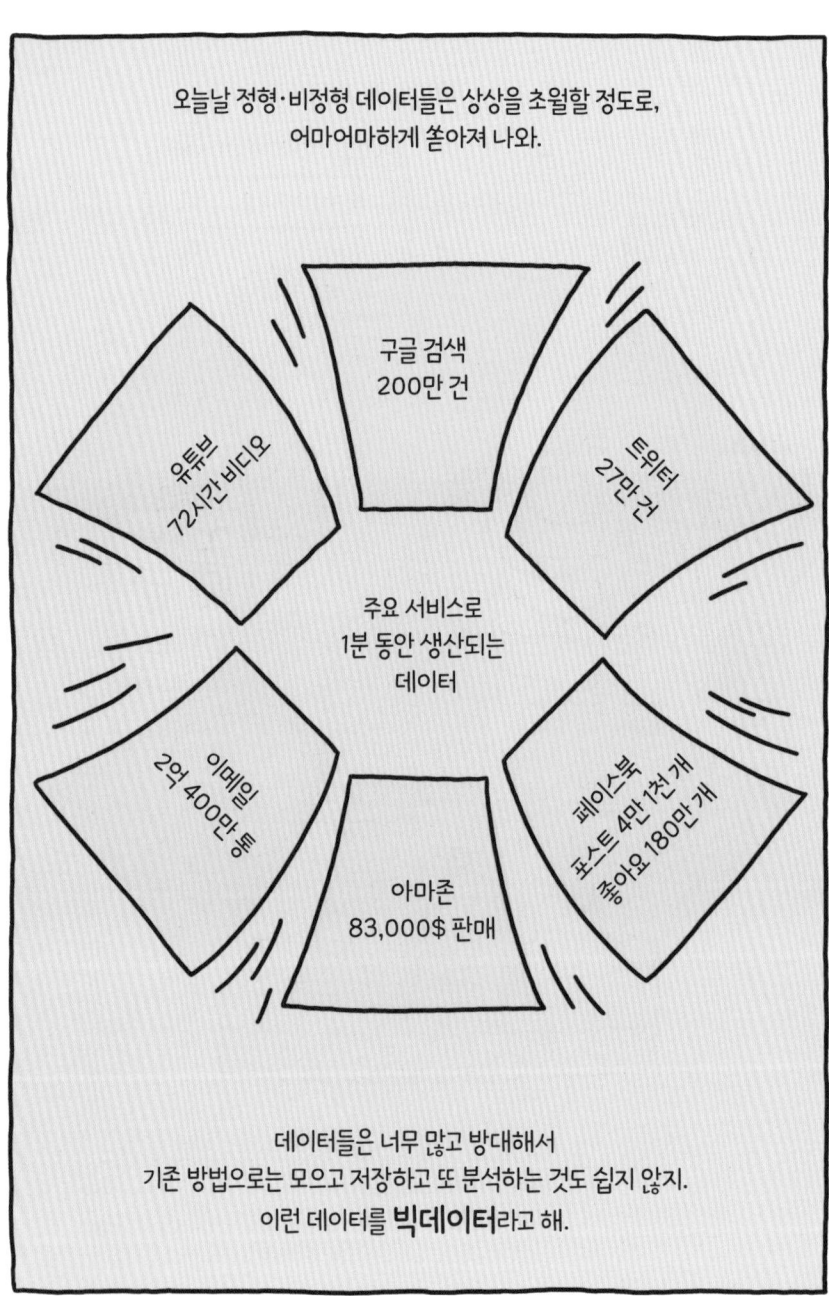

Check it up 1 | 시사

데이터Data가 머니Money?

우리가 만드는 데이터는 어떻게 될까?

우리가 검색하면 그 내역은

데이터 가 돼서 …… 검색 서비스를 제공하는 회사의 💻 로 들어가.

우리가 SNS에 글을 쓰고 사진을 찍어 올리면

데이터 가 돼서 …… SNS 서비스를 제공하는 회사 💻 로 들어가지.

우리가 스마트폰으로 앱을 이용하면 그 내역이

데이터 가 돼서 …… 스마트폰 제조사 💻 로 들어가고.

우리가 스마트폰을 갖고 여기저기 돌아다니면

통신 회사 기지국에 스마트폰 위치 정보가 잡히고, 그 정보는

[데이터] 가 돼서 …… 이동 통신 회사 [🖥] 로 들어가.

이렇게 데이터를 모으는 건 정보통신 혹은 인터넷 서비스를 하는 회사들만이 아니야.

우리가 결제한 카드 명세는

[데이터] 가 돼서 …… 카드 회사 [🖥] 로 들어가.

영화나 TV 프로그램 등을 인터넷으로 볼 수 있는 서비스

OTT_{Over the top} 알지?

우리가 OTT에서 영화나 드라마를 보고 좋아요나 평점을 남기면

[데이터] 가 돼서 …… OTT 서비스 회사 [🖥] 로 들어가.

우리가 텔레비전이나 냉장고를 사거나 AS를 받으면 그 모든 내역은

[데이터] 가 돼서 …… 전자 제품 제조 회사 [🖥] 로 들어가.

우리가 병원에 가서 진찰하고 치료를 받으면 그 내역이

[데이터] 가 돼서 …… 병원 [🖥] 로 들어가.

이렇게 데이터를 수집한 기업들은

그 데이터를 모두 자기들의 컴퓨터에 저장해.

그리고 이 데이터를 분석하고 가공해서 가치를 창출하지.

무슨 이야기냐고?

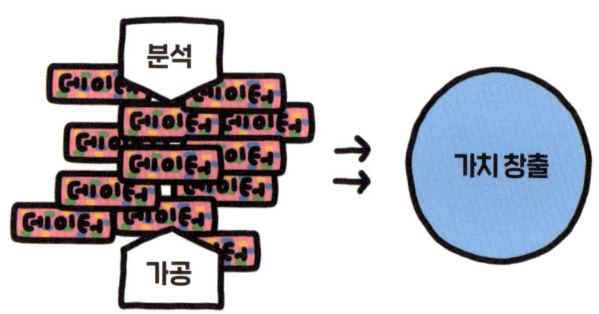

우리는 인터넷에서 정보를 검색해. 그런데 검색한다는 건,

그 분야에 관심이 있다는 거잖아?

예를 들어, 강아지를 검색한다는 건

강아지를 키우고 싶거나, 이미 키우고 있을 가능성이 높은 사람이야.

이런 사람에게 강아지 사료나 액세서리를 광고하면

해당 물건을 살 가능성이 훨씬 높아.

또 사람들이 쓴 글이나 댓글, 좋아요 표시 등을 통해서는

어떤 사람이 무엇을 좋아하고 싫어하는지, 호불호를 알 수 있어.

호불호를 통해서도 뭘 광고하면 좋을지 당연히 알 수 있겠지?

그래서 구글, 네이버, 바이두와 같은 검색 사이트들은
사람들의 관심사, 호불호 등을 파악하려고 해.
이런 것이 바로 데이터가 되는 거야.

메타 같은 SNS 기업들, 아마존과 같은 인터넷 쇼핑 관련 기업들도
마찬가지야. 인터넷 기업들은 사용자의 관심, 호불호 등의
데이터를 파악해서 사용자들에게 맞춤 광고를 제공하고 기업들에게
엄청난 ==광고비==를 받거나, ==상품을 판매==하는 거야.

통신사들도 데이터를 확보하려고 해.
예를 들어, 우리가 스마트폰을 갖고 돌아다니면
우리의 위치 정보를 통신사가 알 수 있어.
이런 데이터가 쌓이고 이 데이터를 나이, 성별 등으로 정리하면
어떤 사람들이 어떤 지역에 주로 가는지 알 수 있겠지?
그런 데이터는 장사하려는 사람들에게는 어디에서 어떤 장사를
하면 좋을지에 대한 ==정보를 줄 수 있지.==
또 정치인들에게는 어디 가면 어떤 사람들을 만날 수 있는지
알려 줄 수 있고. 이런 정보들은 돈을 주고 팔 수도 있어.
한 마디로 ==데이터가 돈이 되는 거야.==

인터넷이나 정보통신 관련 기업이 아니어도 마찬가지야.
예를 들어, 카드 회사는 고객 결제 정보를 통해
어디에서 무엇을 얼마나 샀는지 알 수 있어.
이 정보를 통해 카드 회사는 그 고객이 관심 있을 법한 상품 광고를
하거나 그 고객이 자주 물건을 사는 곳의 세일 정보를 주는 등의
방법으로 더 많은 사용을 끌어낼 수 있지.

은행이나 보험사는 고객들이 어떤 상품을 이용하는지에 대한
데이터를 통해 고객들에게 필요한 금융이나 보험 상품을
안내할 수 있어.

자동차나 전자 제품을 생산하는 회사들은 데이터를 모으기 위해
공장에 수많은 센서를 부착해.
그 데이터를 분석하면 어떤 상황에서 불량이 발생하는지 파악해서
그런 상황을 만들지 않을 수 있거든.
데이터를 통해 ==생산 비용을 절감==할 수 있는 거야.

그래서 큰 기업일수록 데이터를 모으려고 하고,

그 데이터를 자기 회사 컴퓨터에 저장해 두지.

그리고 데이터를 분석하고 가공해서 가치를 창출하려고 해.

이 일을 하는 사람들을 '데이터 사이언티스트'

혹은 '데이터 마이너'라고 해.

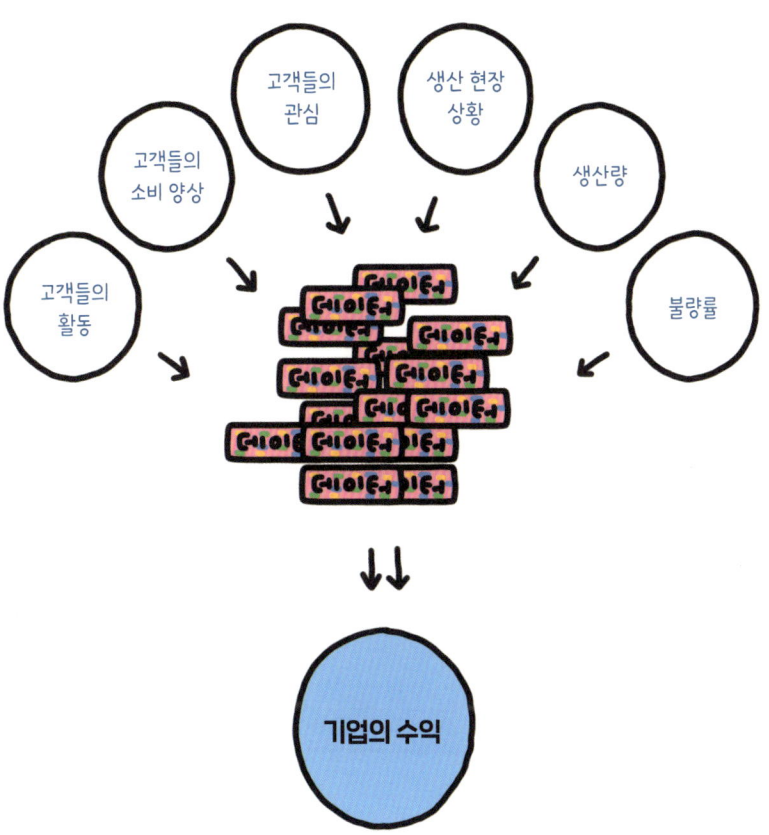

데이터 사이언티스트들이 데이터를 분석하고 가공해서 어떻게 가치를 창출할지를 연구한다면, 인공지능 과학자들은 데이터를 이용해서 인공지능 프로그램을 개발해. 그래서 다양한 인공지능 프로그램을 개발했고, 지금도 개발하고 있는 거야.

Check it up 2 　상식

데이터와 컴퓨터

인공지능은 데이터를 원료로 발전했어.

그런데 데이터가 많으면 뭐 해?

구슬이 서 말이라도 꿰어야 보배란 말이 있듯이

==데이터를 제대로 저장하고 연산해서 처리할 수 있는==

==컴퓨터가 없으면 빅데이터는 그림의 떡==이었을 거야.

인공지능이 발달한 데는 빅데이터만큼이나

'컴퓨터의 성능 향상'도 큰 몫을 했어.

오늘날의 컴퓨터 성능이 어느 정도인지 알아볼까?

앞에서 언급했던 많은 글로벌 기업이 인공지능 프로그램을 개발했어.

그 프로그램들의 파라미터 수는 정말 어마어마해.

많은 기업이 엄청난 데이터를 기반으로 한

인공지능 프로그램을 만들고 있는데,

이와 같은 인공지능 프로그램을 보통 <mark>초거대 AI</mark>라고 해.

이런 초거대 AI들의 파라미터 수는 정말 엄청나!

<mark>인공 신경망에 등장했던 화살표</mark> 기억해?

<mark>그 화살표들이 파라미터</mark>라고 생각하면 돼.

초거대 AI와 파라미터 수

회사	초거대 AI	파라미터 수	공개 연도
오픈AI	GPT-3	1,750억 개	2020년
구글	PaLM	5,400억 개	2022년
MS	MT-NLG	5,300억 개	2021년 말
딥마인드	Gopher	2,800억 개	2021년 말
Meta	OPT-175B	1,750억 개	2022년
네이버	하이퍼클로바	2,040억 개	2021년
LG	엑사원	3,000억 개	2021년 말
카카오	KoGPT	300억 개	2021년 말
베이징인공지능연구소	우다오 2.0	1조 7,500억 개	2021년
바이두	ERNIE 3.0	2,600억 개	2019년
화웨이	판구-알파	2,000억 개	2021년

그런데 이 어마어마한 파라미터의 수는

인공지능이 답이나 행동을 하기 위해서

찾아내야 하는 미지수이자,

미지수를 찾아내기 위해 실행해야 하는 연산의 수이기도 해.

이런 연산을 하는 데 얼마나 걸릴까?

우리가 계산기로 12×36 같은 계산을 하려고 해도 1초는 걸릴 거야.

만약 컴퓨터가 우리보다 1,000배 빨리 계산한다고 하면?

1,000억 개의 파라미터를 가진 인공지능이

1초에 1,000개씩 계산해 미지수를 찾아낸다고 했을 때,

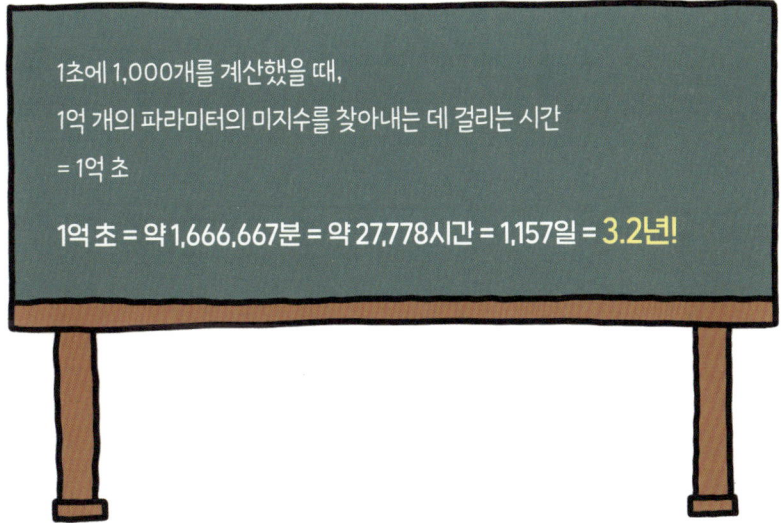

1초에 1,000개를 계산했을 때,
1억 개의 파라미터의 미지수를 찾아내는 데 걸리는 시간
= 1억 초

1억 초 = 약 1,666,667분 = 약 27,778시간 = 1,157일 = **3.2년!**

이런 속도라면, 인공지능은 고사하고
모바일이나 컴퓨터를 쓰는 데도 엄청 불편할 거야.
하지만 지금 우리가 쓰는 컴퓨터의 연산 속도는
우리의 1,000배 정도가 아니야. 기가플롭스 이상의 속도지.

==플롭스FLOPS(FLoating point Operations Per Second)는==
==1초당 얼마나 많은 연산을 하는지를 보여주는 단위==를 말해.
2020년대 초반을 기준으로 스마트폰의 속도는
기가플롭스급이고 가정용 컴퓨터는 테라플롭스급이지.

컴퓨터 성능

명칭	플롭스
요타플롭스	10^{24}
제타플롭스	10^{21}
엑사플롭스	10^{18}
페타플롭스	10^{15}
테라플롭스	10^{12}
기가플롭스	10^{9}
메가플롭스	10^{6}
킬로플롭스	10^{3}

1플롭스 = 1개 미지수 찾기/1초

기가플롭스는 10억
1,000,000,000

테라플롭스는 1조
1,000,000,000,000

페타플롭스는 1,000조
1,000,000,000,000,000

엑사플롭스는 10경
1,000,000,000,000,000,000

이게 얼마나 빠른 건지 상상이 잘 안될 거야.

하지만 이렇게 생각해 보면, 정말 어마어마한 속도야.

만약 우리가 1초에 1개씩 연산해 미지수를 찾는다면 1기가플롭스는 10억 번 연산해 미지수를 찾는 데 1초 걸리지만, 우리는 약 31년이 걸려. 지금부터 시작해서 아빠 나이까지 해야 하는 거야.

1테라플롭스는 1조 번 연산해 미지수를 찾는 데 1초 걸리지만 우리는 약 31,000년이 걸리지. 구석기 원시인이 호모 사피엔스가 될 정도의 긴 시간이야.

1페타플롭스는 1,000조 번 연산해 미지수를 찾는 데 1초! 우리는 약 31,000,000년이 걸려! 우리가 화석으로나 봤을 동물들이 살던 지질 시대에서 현재까지 걸린 진화의 시간이지.

우리가 보통 슈퍼컴퓨터라고 부르는 컴퓨터들은
페타플롭스 수준의 연산 속도를 가지고 있어.

슈퍼컴퓨터 타이탄(2012년)
17.59 페타플롭스(10^{15})

PC 5만 대를 모아놓은
성능과 비슷

하지만 이제는 엑사플롭스급 슈퍼컴퓨터들이 등장했지.

엑사플롭스급 슈퍼컴퓨터
프론티어는 1초에 10경(10^{18}) 번, 서밋은 20경 번,
에오스는 1,840경 번 연산할 수 있어.

1엑사플롭스는 10경 번 계산해 미지수를 찾는 데 1초!
만약 우리가 1초에 미지수 1개를 찾는다고 가정하면
우리는 약 31,000,000,000년, 즉 300억 년이 넘게 걸리지.

300억 년? 지구 나이가 45억 년이야!
우주의 나이가 150억 년이고!

요즘은 슈퍼컴퓨터를 넘어 '양자 컴퓨터'가 등장하기 시작했어.
양자역학을 이용한 컴퓨터인데 빛보다 빠르게 연산해 버릴 수 있대.

양자역학을 이용해
슈퍼컴퓨터보다
빠른 연산을 할 수 있어.

양자 컴퓨터

이런 컴퓨터들 덕에, 데이터가 아무리 늘어나도 인공지능은
바로바로 검색 결과를 내주고 물음에 답해 주고
추천 서비스를 해줄 수 있는 거야.

[Check it up 3] 기술

인공지능과 통신 기술

그런데 이상하지 않아?

인공지능이 슈퍼컴퓨터 덕에 엄청나게 빠르게 연산한다는데, 왜 ChatGPT와 같은 프로그램을 이용하다 보면, 속이 터질까?

사용해 보면 알겠지만, 어떤 때는 너무 느려!

내 컴퓨터 혹은 모바일은 최신 기종의 최고 성능을 가졌다고 해도 슈퍼컴퓨터의 속도를 느끼기는 거의 힘들어.

왜 그럴까? 그건 바로 통신 때문이야.

우리가 컴퓨터나 스마트폰 등으로 인공지능 서비스를 사용할 때는 물론이고 인터넷을 이용할 때도 유무선 인터넷 통신이 필요해.

그래서 슈퍼컴퓨터의 성능을 우리가 바로 느끼기 힘든 거야.

==통신을 통해 명령과 데이터가 오가는 데 시간이 걸리는 거지.==

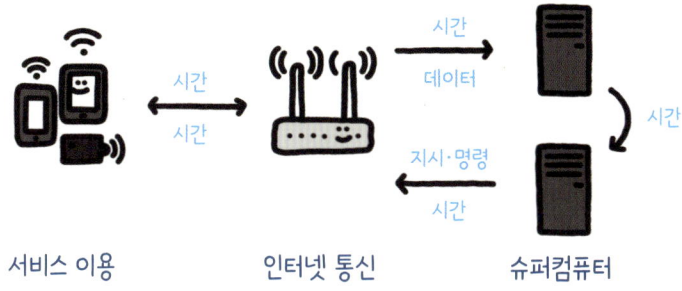

그래서 인공지능 프로그램을 학습하고 저장하고 실행시키는
슈퍼컴퓨터를 개발하는 일뿐만 아니라
인공지능 서비스를 이용하는 데 필요한 ==통신 기술== 개발도 중요해.
통신 속도가 빠르지 않으면 인공지능이 제 몫을 못 할 테니까.
심지어 인공지능이 아무리 발달해도, 통신 기술이 발달하지 않으면
무용지물일 수 있어.

자율 주행차를 생각해 봐. 인공지능으로 달리는 자율 주행차가
장애물을 만났을 때 어떻게 해야 할지 인공지능에게 물었는데
통신이 원활하지 않아 답이 늦어지면 어떻게 되겠어?
멈추든가, 사고를 내든가 하지 않겠어?
그러면 누가 자율 자동차를 타겠어?

사실 인터넷 통신 기술은 인터넷이 발달하면서 함께 발전했어.

처음에는 위성을 통해 통신했는데, 안정성이 떨어졌지.

그래서 전화선이나 텔레비전 케이블을 이용해

인터넷 통신을 주고받았어.

하지만 인터넷이 어디 한 나라만 연결할까?

전 세계를 연결해야 하잖아?

그래서 통신사들은 바닷속에 해저 광케이블을 설치했어.

큰 인터넷 기업들은 통신사들의 케이블을 이용해,

자기 회사의 커다란 컴퓨터(데이터 센터)를 세계 곳곳에 두고

==해저 광케이블을 통해 연결==해 두었어.

구글, 메타, 아마존, 바이두 모두 다!

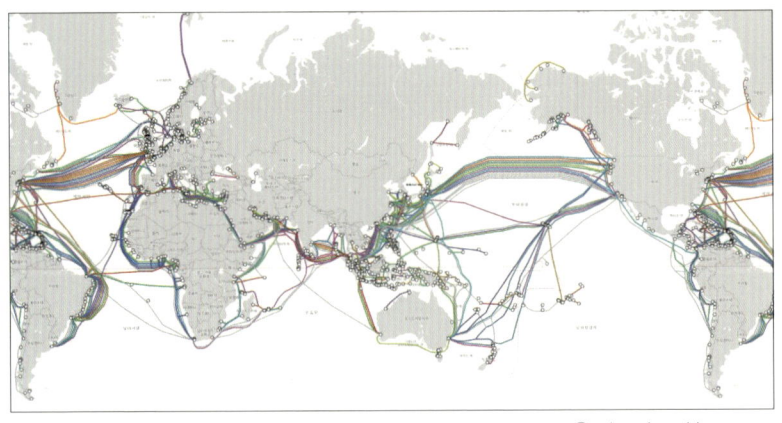

해저 광케이블

그래서 전 세계에서 똑같은 서비스를 이용할 수 있는 거야.

한 나라 안에서도 마찬가지지.

나라 곳곳에 커다란 컴퓨터를 두고 있고

그 컴퓨터를 유선 케이블로 연결해 두었지.

그래서 전국에서 똑같은 서비스를 이용하고 있는 거야.

그런데 우리는 주로 Wi-Fi로 대표되는 무선 통신과

5G, 6G로 말할 수 있는 이동 통신을 주로 사용하기 때문에

인터넷 통신 기술하면 무선 이동 통신 기술만 생각하기 쉬워.

하지만 유선 통신망이 없이는 무선 이동 통신도 있을 수 없어.

집에서 사용하는 Wi-Fi는 무선 통신이지만

Wi-Fi 기기는 벽에 있는 케이블에 연결되어 있잖아.

이동 통신 역시, 기지국에서 전파를 보내야 사용할 수 있고

기지국은 이동 통신 회사의 유선 통신망으로 연결되어 있으니까.

그런데 일론 머스크는 위성 통신으로 인터넷을 연결하려고 하고 있어.
지구 550km 저고도에 약 12,000개 위성을 격자 형태로 배치해서 1Gbps 초고속 인터넷을 전 세계에서 이용할 수 있도록 한다는 거야.
이를 스타링크 사업이라고 하지.

스타링크

하지만 위성 통신은 기후에 영향을 받을 수밖에 없고
또 위성이 오래되거나 망가져서 제 기능을 발휘할 수 없을 수도
있어서 한계가 있다고 지적하는 사람들도 있어.
그런데 어쩌면 인공지능 이용에 위성 통신 기술이
꼭 필요할 수도 있어.

바다 한가운데서는 지금의 유무선 통신을 이용할 수 없어.
바다 한가운데에는 유선 케이블을 꽂을 데가 없고
무선 이동 통신 전파를 보낼 기지국은 너무나 멀기 때문이지.
선박이나 비행기, 오지나 극지방에서는 지금의 유무선 통신을
사용할 수 없어. 한 마디로 지금의 유무선 통신으로는
지구 전체를 커버할 수 없어.

이런 통신 상황에서 자율 주행차를 타고 극지를 갈 수 있겠어?
자율 주행 선박이나 자율 주행 비행기는 상상하기 어렵지 않을까?
그러니 현재의 유무선 통신 기술은 물론 위성 통신 기술이
앞으로 인터넷 통신 기술, 특히 인공지능 프로그램과 서비스 이용에
어떤 영향을 미칠지 주의를 기울여 봐.
기술의 한계에 주저앉을 수도 있지만, 그 한계를 뛰어넘어
새로운 영역을 개척하는 사례도 많으니까.
우리가 지금 이 책을 읽으며
넥스트 레벨을 향해 가는 것처럼!

많은 기업이 인공지능 개발에
어마어마한 투자를 하고 있어.
돈이 되는 사업은 많아.
컴퓨터를 만들어 팔아도 되고
금융업이나 주식 투자를 통해 돈을 벌 수도 있어.
그런데도 세계적인 기업들은
왜 인공지능 개발에 투자를 아끼지 않는 걸까?
지금부터는 그 이유를 알아볼 거야.
그리고 그 이유를 통해, 앞으로 세상이 어떻게 바뀔지도
예측해 볼 거야.

Level 3

인공지능 전쟁이다!
인공지능에 미래를 건 기업들

인공지능이 시장을 바꾼다?

사람들이 상상한 로봇은 대부분 사람을 대신해 일을 해주는 로봇들이야.
하지만 상상과 같은 로봇을 만들 수는 없었지.
사람들은 대신 '모터'가 달린 기계를 만들어 육체노동을 줄여나갔어.

그런데 모터가 달린 기계로는
대신할 수 없는 일이 있었어.

또, 세상이 변하면서 모터가 달린 기계로는
대신할 수 없는 일이 많이 생겨났어.

맞아! 인공지능은 모터 달린 기계로는 할 수 없었던 일들을 해내고, 하루가 다르게 발전하고 있어.

> Check it up 1 │ 시사

인공지능의 발달과 인터넷 시장의 변화

MS의 창업자인 빌 게이츠는

"인공지능이 시장을 바꿀 것"이라고 했어.

무슨 말일까?

먼저, 인터넷 시장을 생각해 보자.

인터넷을 사용할 때 어떻게 해?

컴퓨터를 켜면 먼저 브라우저를 열지? 그러면 보통 포털사이트에

접속하게 돼. 포털사이트란 Google, NAVER 와 같은

인터넷 시장을 선도하는 기업이 만든 플랫폼이야.

우리는 포털사이트에서 뉴스도 보고 정보도 얻어.

그러다 관심이 있거나 필요한 사항이 있으면 '검색'을 하지.

우리가 필요하거나 관심 있는 것 등등을

'검색어'로 만들어서 말이야.

그러면 그 검색어와 관련된 웹페이지들이 리스트업돼.

포털사이트들은 이 세상에 존재하는

모든 웹페이지 정보를 모아 놓고

사용자가 검색할 때마다 거기에 해당하는 웹페이지만 뽑아내는

'검색 엔진'을 개발해 갖고 있거든.

그래서 '여름 여행지'를 검색하면

검색 엔진이 해당하는 웹페이지를 찾아 리스트업해 줘.

그러면 우리는 리스트를 쭉 살펴보면서

위에서부터, 혹은 마음에 끌리는 제목부터 클릭하지.

그런데 이때, 자기 여행 상품을 홍보하기 위해 포털사이트에

광고비를 지급한 여행사들이 있다면?

포털사이트들은 그 회사의 여행 상품을

사용자들의 눈에 잘 띄도록 배치하거나 리스트의 상단에 올려 줘.

사용자들이 그 여행사 상품을 클릭할 확률을 높여 주는 거야.

사용자의 선호도가 파악되어 있다면

광고비는 더 비싸져.

사용자가 '여름 여행지'로 검색했지만,

그 이전에 '해외여행'으로 검색한 이력이 있다면 여름 여행지로

해외여행을 생각한다고 판단할 수 있겠지?

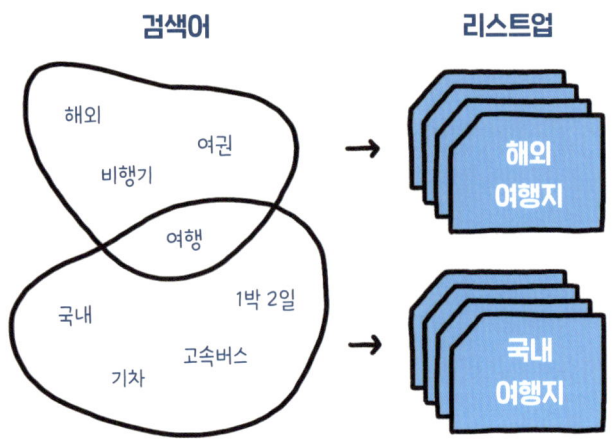

앞에서도 말했지만, 구글이나 네이버 같은 회사들은

이런 식으로 광고 수익이 생기지.

그 수익이 회사에 따라, 대략 40~70%를 차지한다고 해.

그런데 생성형 인공지능은 이런 식,

즉 검색과 클릭을 통한 광고 수익을 불가능하게 만들어.

생성형 인공지능은 말 그대로 '생성'하는 프로그램이야.

그리고 앞서 말했지만, '언어'를 생성한다고 했어.

그래서 뭔가를 물으면

이미 학습한 정보를 바탕으로 답을 생성해서 보여 줘.

리스트업도 하지 않고 클릭도 유도하지 않아.

리스트업도 클릭도 필요 없는 생성형, 혹은 대화형 인공지능을

사용하는 사람이 많아지면 구글이나 네이버 같은

포털사이트들은 지금과 같이 수익을 낼 수 없어.

그러면 인터넷 시장에서 지금과 같은 위치를 유지할 수도 없지.

인터넷 시장 상황이 바뀌는 거야!

그래서 구글과 같은 포털사이트들은

보다 정교하게 검색 엔진을 만들고 사용자들에게 맞춤 정보나 광고를

제공하는 데 인공지능을 이용했어.

생성형 인공지능을 만들었어도, 시장에 내놓으려고 하지 않았지. 생성형 인공지능이 널리 쓰이면 검색과 클릭으로 돈을 벌 기회가 줄어들 게 뻔했으니까.

하지만 ChatGPT와 같은 프로그램이 출시되자 사람들이 열광했어. 출시 5일 만에 가입자 100만 명을 돌파할 정도였지.

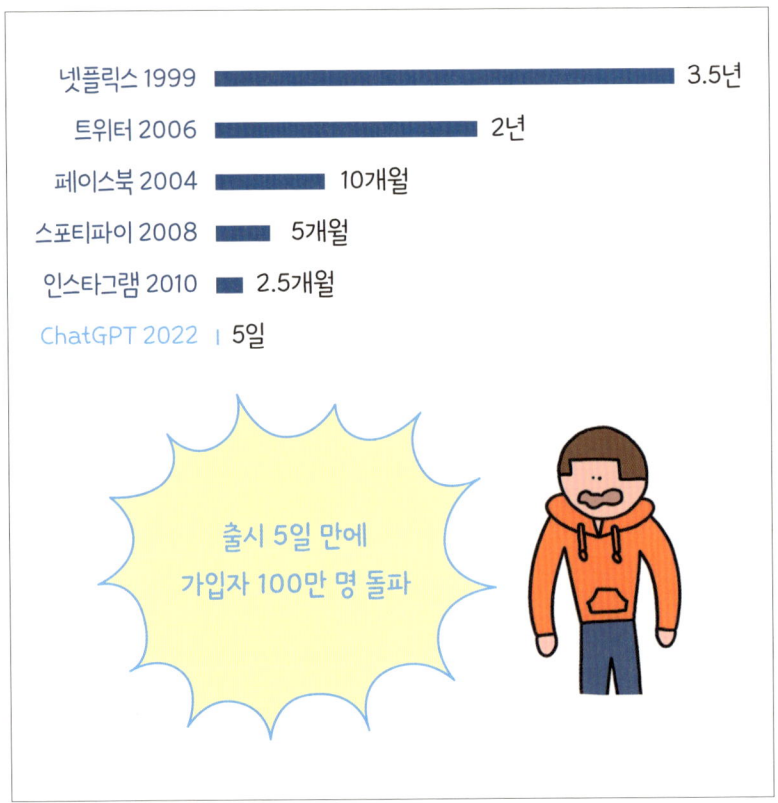

주요 인터넷 서비스가 가입자 100만 명을 돌파하는 데 걸린 시간

구글, 바이두, 네이버 등 포털사이트들은
비슷한 서비스들을 줄줄이 내놓을 수밖에 없었어.
더 나아가 인공지능 연구와 개발에
더욱 힘을 쏟기 시작했지. 페이스북과 같은 SNS가 주된 사업 분야인
메타도 생성형 인공지능 시장에 뛰어든다고 선언했고
일론 머스크도 생성형 인공지능 개발을 선언했지.
이 밖에도 엄청난 인공지능 기술력을 가진 수많은 기업이
생성형 인공지능 개발에 열을 내고 있어.

생성형 인공지능이 더 발전하면 어떻게 될까?
앞으로 생성형 인공지능은 글과 이미지를 생성하는 수준에서
더 많은 일을 할 수 있는 일반 인공지능으로 나아갈 거야.

예를 들어, 여행을 갈 때 최적의 경로와 비용으로 일정을 짜고
예약까지 해줄 거야. 여행에 필요한 각종 물품을
인터넷 쇼핑몰에서 알아서 주문해 줄 거고.

여행지에서 찍은 사진과 그 사진에 어울리는 글을 생성해서
SNS에 바로바로 업로드해줄 거야.
여행 동안, 공과금과 세금, 적금 등이 밀릴 걱정도 없어.
금융 업무도 알아서 해줄 테니까.

빌 게이츠는 이런 인공지능을
'개인 디지털 에이전트 Personal Digital Agent·PDA'라고 정의했어.
그리고 "앞으로 찾아올 미래의 최고 기업은 '개인 디지털 에이전트'를 만드는 회사가 될 것"이라고 했지.

어떤 기업이 개인 디지털 에이전트를 잘 만들지 아직 몰라.
지금의 인터넷 시장 최고의 기업이
앞으로도 그럴지 알 수 없는 거지.
확실한 건 인공지능이 인터넷 시장을 바꿀 거라는 것뿐이야.
그런데 이런 상황이 인터넷 시장에서만 일어날까?

다른 산업에서도 일어난다는 말?

> Check it up 2 　산업

인공지능의 발달과 산업의 변화

인공지능은 인터넷 시장뿐만 아니라,

산업 전체에 엄청난 영향을 미칠 거야.

제4차 산업혁명이라고 들어봤지?

1차 산업혁명	**2차 산업혁명**	**3차 산업혁명**	**4차 산업혁명**
18세기 증기기관과 비료의 발명 식량 문제 해결 기계화 혁명	**19~20세기** 전기 동력 기반 효율적인 대량 생산 혁명	**20세기 후반** 컴퓨터 정보통신망 기반 지식 정보 혁명	**현재** 혁신 기술 기반 사람, 사물 등 모든 것이 인터넷으로 연결되는 만물 지능 혁명

구분	1차 산업혁명	2차 산업혁명	3차 산업혁명	4차 산업혁명
시기	18세기 후반	20세기 초반	1970년대 이후	2020년 이후
혁신 부문	증기의 동력화	전력, 노동 분업	전자 기기, ICT 혁명	ICT와 제조업 융합
커뮤니케이션 방식	책, 신문 등	전화기, TV 등	인터넷, SNS	IoT, IOS
생산 방식	생산 기계화	대량 생산	부분 자동화	시뮬레이션을 통한 자동 생산
생산 통제	사람	사람	사람	기계 스스로

ICT: 정보통신기술(Information & Communication Technology)
IoT: 사물인터넷(Internet of Things)
IOS: 서비스 인터넷(Internet of Service)

산업혁명은 1, 2, 3차를 거쳐, 이제 4차에 접어들고 있는데 시기별로 특징이 있어. 우리가 살고 있는 제4차 산업혁명 시대는 **사물인터넷과 서비스 인터넷**으로 소통하는 시대야. 한 마디로, **사람과 사물 등 모든 것이 인터넷으로 연결된 시대**라는 거야.

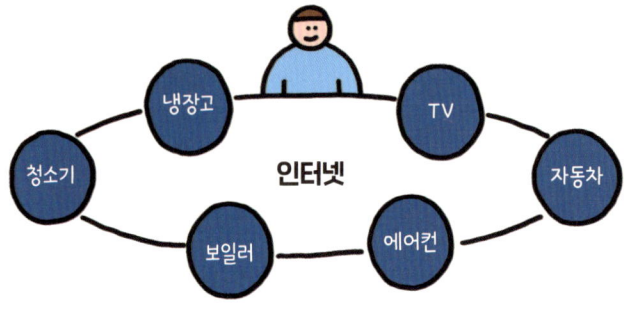

그래서 밖에서도, 밤새 게임을 하다 끄지 않고 나온 컴퓨터를
끌 수 있는 거야. 나와 컴퓨터가 인터넷으로 연결되어 있으니까.
집에 아무도 없는 사이 로봇 청소기가 청소를 하면
기다렸다는 듯 공기청정기가 집 안 공기를 정화하지.
청소기와 공기청정기가 인터넷으로 연결되어 있으니까 가능해.
식당에서는 카운터와 주방과 연결된 인공지능 로봇이 서빙을 해.

==제조업도 정보통신기술ICT과 융합==되어 있어.
철강 회사는 재료 배합에 따라 어떤 특성을 갖는 철강 제품이
생산되는지 실제로 생산하기 전에 컴퓨터로 시뮬레이션해.
이를 통해 최상의 배합을 찾아 시간과 비용을 절약하지.
의류 업체라면, 컴퓨터로 팔린 상품과 사이즈를 분석해
생산할 품목과 수량을 정해. 팔리지 않은 상품을 최소화해서
비용을 절감하는 거야.
자동차는 이제 더 이상 기계 장치가 아니야. 정보통신기술과
융합된 자동차는 운전자 없이 스스로 운행하는
자율 주행 자동차로 발전하고 있잖아?
제조업은 물론, 농업과 같은 1차 산업도 센서를 통해 물이 부족한
작물을 파악하고 그 작물에만 물을 주는 식으로 시스템을 통제하는

프로그램을 도입하고 있어.

더 나아가, 기업들은 모든 생산 과정을 자동으로 기획하고 계획하고 통제하려고 해. 그편이 비용과 효율 면에서 훨씬 유리하니까.

이를 위해 필요한 건, 당연히 인공지능이지.

이제 인터넷 기업이 아니라도, 인공지능 기술이 없으면 미래를 헤쳐 나가기 힘들 거야.

지금 아무리 잘 나가는 자동차 회사라도 자율 주행차 경쟁에서 뒤지면 어떻게 될지 몰라. 세계 최고의 전자 제품 제조 기업이라도 사물인터넷을 적용한 제품을 만들 수 없다면 그 회사의 제품이 여전히 잘 팔릴지 장담할 수 없어. 세계에서 가장 많이 팔리는 스마트폰을 만드는 기업이라도 인공지능 사용에 적합한 기능을 갖추지 않으면 그걸 누가 스마트폰이라고 하겠어?
그래서 제조업으로 분류되는 기업들 역시 자기 제품에 필요한 인공지능 개발에 열을 올리고 있어.

은행, 증권 회사와 같은 금융권과 법률, 의료와 같은 ==전문 분야에서도 인공지능 활용은 더욱 늘어날 거야.==
증권사들은 인공지능을 활용해, 방대한 정보를 수집하고 분석하고 해석하고 있어. 이를 통해 어떤 곳에 투자하면 좋을지를 찾아내고 투자해서 얻을 수 있는 수익률도 올리고 있지.
또 고객의 자산을 관리하고, 투자 포트폴리오나 보고서를 작성하는 데도 인공지능을 사용해. 투자분석가, 펀드매니저 등 금융전문가들이 하는 일을 인공지능이 대신하는 거야.

검사나 변호사 들은 인공지능 프로그램으로 법령을 검색해서 빠르고 편리하게 업무 처리를 하고 있어. 더 나아가 인공지능에게 판결문을 학습시켜 손해배상액, 유무죄 여부와 형량 등을 예측해. 분쟁 사건이 생기면, 인공지능을 이용해 조정안 초안을 자동으로 생성하게 할 수도 있어.

의료 분야에서는 이미 인공지능이 널리 쓰일 수 있어.
의료 분야는 크게 '예방', '진단', '치료'의 세 가지 업무가 있는데,
인공지능은 이 모든 단계에 활용할 수 있어.
특히 X레이나 MRI와 같은 의료 영상 분석과 진단에 매우 유용해.
또한 의료보험 제도와 의료 제공 체제를 포함하는
의료 시스템에서도 활용할 수 있어.

음악, 영화와 같은 엔터테인먼트 분야에도 인공지능 기술이 큰 영향을 끼칠 거야. 벌써 인공지능으로 생성한 모델을 내세워 광고하는 기업들이 생겨났지.

인공지능으로 만든 모델
유명한 명품 의류사의 광고인데, 세 모델 모두 인공지능으로 만든 인간이야. 특히 가운데 슈두Shudu는 세계 최초의 디지털 슈퍼모델로, 2017년부터 활동했어.

ⓒ Balmain

앞으로, 인공지능이 작사 작곡한 노래를 인공지능으로 생성한 가수가 불러 히트하는 상황이 생길지도 몰라.

인공지능으로 만든 가상 인간 미켈라
세계 최초 가상 인간 인플루언서인 미켈라는 여러 음악 앨범을 발매한 가수이자, 세계적인 명품 브랜드의 모델로도 활동하고 있어.
미켈라가 1년에 벌어들이는 수입이 100억 원이 넘는다고 하지.

ⓒ 유튜브 miquela

그러면 춤과 노래에 소질 있는 소년 소녀를 발굴하고 트레이닝해서 스타로 만들던 음반 회사들이 인공지능 프로그램으로 가수를 생성하는 데 더 힘을 쏟지 않을까?

인공지능은 영화의 특수효과나 컴퓨터 그래픽, 배경을 만드는 데도 이용되고 있어. 더 나아가, 인공지능으로 배우를 생성하기까지 해. 이렇게 되면, 앞으로 영화든 드라마든 촬영이라는 개념 자체가 없어질지도 몰라. 배경도 배우도 인공지능 프로그램으로 만들면 촬영이 필요 없을 테니까.

ⓒ 유튜브 Runway

인공지능 영화제
런웨이 AI 등 이미지, 영상 관련 인공지능을 만드는 회사들은 인공지능 영화제를 개최하기도 했어. 영화를 만들고 싶은 열정만 있으면, 영화에 대한 특별 지식이나 영화를 만들 돈이 없어도, 인공지능을 이용해 누구나 영화를 만들 수 있음을 보여 주려고 한 거야.

앞으로 메타버스라는 새로운 시장이 생겨나면,
인공지능의 역할은 거기서도 빛을 발할 거야.
메타버스는 한 마디로 '가상현실'이란 뜻이야.
현실과 같은 세상 혹은 물리적 한계를 벗어난 공간을
인터넷에 가상으로 만드는 거지. 그 가상의 세상에서는 또 다른
정치, 경제, 문화 등의 질서가 세워질 거야.
이런 메타버스에서도 인공지능은 빼놓을 수 없어.
온라인 게임에도 NPC_{Non Player Character}란 것이 있지?
인간 유저가 조종하지 않고 게임의 인공지능으로 움직이는 캐릭터
말이야. 메타버스에는 이런 캐릭터가 훨씬 많이 필요하겠지?

ⓒ Roblox

메타버스에서는 아바타를 만들어야 하는데
이때 역시 인공지능이 필요해. 특히나 나와 비슷한 캐릭터를
생성하려면 더욱 그렇지. 나의 말투, 행동까지 비슷하게 할 수 있는
아바타를 만들려면 인공지능의 도움 없이는 불가능해.

메타버스에는 수많은 서비스가 존재해서 유저들이 뭐가 어디 있고
어떻게 가야 하는지 알 수가 없어.
이때 가이드해 주는 기능도 인공지능의 몫일 거야.
또 메타버스를 이용하는 이들이 안전하게 즐길 수 있도록
감시하는 인공지능도 필요할 거야.
벌써 메타버스에서 성추행과 같은 사건 사고가 일어나는데
이런 일은 막아야지.

이처럼 **인공지능은 산업 전반은 물론
앞으로 만들어질 새로운 시장에까지 영향**을 미치고 있어.
그래서 세계를 주름잡는 글로벌 기업들이
인공지능에 엄청난 투자를 하는 거야.
그리고 그만큼 경제에도 막대한 영향을 미치고 있어.

Check it up 3   환경

인공지능과 탄소 발자국

'탄소 발자국'이란 말 들어봤어?

우리가 생활하다 보면 에너지를 쓰면서

환경을 오염시키는 탄소를 발생시켜.

<mark>탄소 발자국</mark>은 우리가 생활 속에서 얼마나 탄소를 발생시키는지

그 양을 한눈에 알아볼 수 있게 표시한 걸 말해.

그런데 인공지능과 탄소 발자국이 무슨 상관이 있을까?

<mark>인공지능은 전기 먹는 하마</mark>라고 불려.

사실 인공지능뿐만 아니라 인터넷 산업 자체가 탄소를 많이

발생시키고 있어. 제조업이 아닌데도 전기를 엄청나게 쓰지.

1년 동안 전 세계 인터넷 관련 기업들이
데이터 센터를 운영하느라 사용하는 전기가
웬만한 나라가 1년 동안 사용하는 양과 맞먹을 정도야.

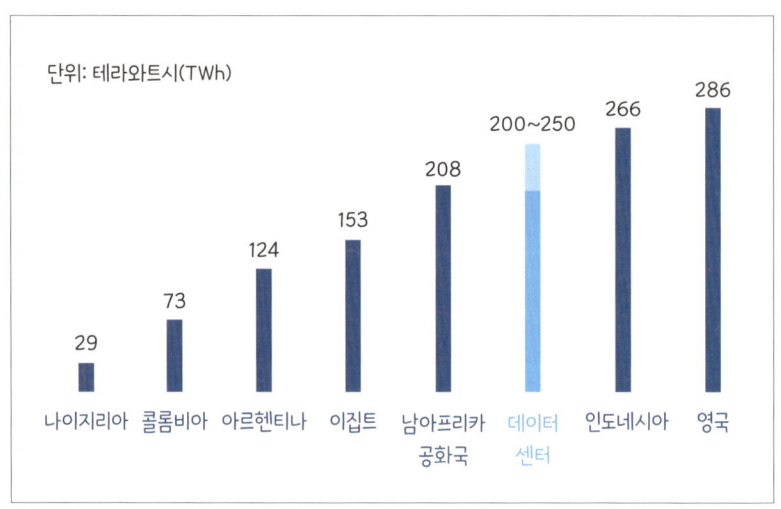

글로벌 데이터 센터와 국가별 전력 소비량 비교 (2020년 기준) ⓒ 국제에너지기구

사실 ==데이터 센터를 운영하려면 전기가 많이 필요해.==

수백수천 대 컴퓨터가 돌아가니까.

그런데 인공지능을 개발하고,

또 인공지능 프로그램을 사용하는 데는

일반적인 인터넷 사용보다 더 많은 전기가 필요해.

2021년, 구글이 사용한 전체 전력이

18.3테라와트시(TWh)인데, 그 가운데 2.3TWh가 인공지능에 쓰였대.

구글이 사용하는 전체 전력 가운데 15% 정도를 쓰는 건데,

이는 50만 명 정도가 사는 미국 애틀랜타시 전체 가구의

연간 전력 소비량과 맞먹어.

미국의 매사추세츠 공과대학교의 연구 결과에 따르면

==인공지능 학습으로 발생하는 탄소량이==

==자동차 한 대가 평생 뿜어내는 탄소량보다 5배나 많대.==

인공지능은 왜 이렇게 전기를 많이 쓸까?

인공지능을 학습시키려면 엄청난 양의 데이터와

그 데이터를 처리할 수 있는 엄청난 슈퍼컴퓨터가 필요하기

때문이야.

상황별 탄소량 비교

비행기로 뉴욕-샌프란시스코를 왕복할 때 배출하는 탄소량(1인 기준)
| 1,984

1명이 1년 동안 배출하는 탄소량
■ 11,023

미국인 1명이 1년 동안 배출하는 탄소량
■ 36,156

평균적인 미국 자동차가 평생 배출하는 탄소량
■ 126,000

213억 파라미터 인공지능을 학습하는 데 필요한 탄소량
■ 626,155
(28만 4,000kg)

단위: 파운드(1파운드=0.453592kg)

ⓒ MIT Technolpgy Review

데이터를 처리한다는 건,

슈퍼컴퓨터 속 CPU, GPU와 같은 반도체가

연산하고 저장한다는 뜻이야.

슈퍼컴퓨터 속에는 이런 반도체가 수천~수만 개가 들어 있어.

그런데 반도체가 작동하려면 전기가 필요해.

그것도 아주 어마어마한 전기가 필요하지.

하나를 처리하는 데만 수십억에서 수천억 번을 연산해야 하니까!

그러다 보면 열이 발생하고

이 ==열을 식히기 위해== 에어컨도 가동해야 해.

10~27도를 유지하지 않으면 컴퓨터가 오작동할 수 있거든.

그래서 ==또 전기가 필요==해.

물도 어마어마하게 들어.

컴퓨터가 가동되면서 열이 발생한다고 했지?

이 열을 식히기 위해서는 에어컨만으로는 부족해.

열을 직접 식히기 위한 냉각탑이 있어야 하지.

냉각탑에 사용되는 물은 열 때문에 증발해서

계속 보충해 줘야 해. 그것도 아주 순수한 물로.

오염된 물을 쓰면 컴퓨터가 부식되거나

박테리아가 증식할 수 있거든.

미국 콜로라도대학교와 텍사스대학교 연구진이

이 냉각탑에 사용되는 물의 양을 측정해 봤는데,

==GPT-3 훈련에만 순수한 물 70만ℓ를 사용했다==는 결과가 나왔어.

이 정도 물의 양이면 자동차 320~370대를 생산할 수 있지.

우리가 인공지능을 사용하는 데도 전기와 물이 필요해.

우리의 질문을 인공지능이 처리해야 하니까.

한 예로, 2016년 이세돌 기사와 바둑을 둔 인공지능 알파고가 바둑을 둘 때 소모한 전력은 가정집 100가구가 하루 동안 쓴 전력 소모량과 맞먹는대.

또 우리가 ChatGPT와 20~50개 문답을 주고받을 때마다 생수 한 통(500㎖) 분량의 물이 사용된다고 해.

따라서 인공지능 개발에 데이터가 많으면 많을수록 좋다, 슈퍼컴퓨터에 반도체를 많이 쓰면 쓸수록 좋다고 생각하는 건 환경오염이 심각한 이 시점에서는 반환경적인 생각이라고 할 수 있어.

그래서 다른 산업 분야와 마찬가지로 인공지능 분야에서도 탄소 배출량을 줄이기 위해 노력하고 있지.

청정에너지를 이용해 전기를 생산하는 지역에서

인공지능을 학습시키고 서비스하는 게 대표적이야.

전기를 만들 때 탄소를 적게 발생시키면

전기를 쓸 때도 그만큼 탄소를 적게 발생시키니까.

이와 더불어, 전기를 적게 소모할 수 있는 기술에도 힘 쏟고 있어.

대표적인 게 인공 신경망의 계산량을 줄이는 거야.

예를 들어, 개와 고양이를 분류하는 프로그램을 만든다고 해 봐.

개와 고양이는 다르지만, 같은 점도 있어.

개와 고양이 모두 꼬리는 1개, 귀는 2개, 다리는 4개잖아?

이런 건 굳이 계산할 필요가 없어.

그러니까 이 프로그램의 인공 신경망에서 다리, 꼬리, 귀 등의

모양과 관계된 부분을 비활성화하는 거야.

그러면 그만큼 계산량이 줄어들어서,

전력 소모량도 줄일 수 있는 거지.

이처럼 인공지능 연구도 환경 문제에서 자유로울 수 없어.

그런데 환경 문제 말고 인공지능으로 생기는 문제는 또 없을까?

인공지능 기술이 하루가 다르게 발전하고 있고
그에 따라 사회가 바뀌고 세상이 바뀌고 있어.
하지만 모든 기술과 마찬가지로
인공지능 기술도 양면성을 가지고 있어.
인공지능 기술이 가진 문제점은 뭘까?
어떻게 하면 그 문제에 슬기롭게 대처하고
현명하게 해결할 수 있을까?
마지막으로 알아볼 것들이야.
이를 통해 인공지능을 아는 데서 한 걸음 더 나아가
인공지능 시대를 살아갈 나의 모습을 그려 보자고!

NEXT LEVEL

인공지능, 유비무환
슬기롭게 인공지능 시대를 사는 법

그들은 왜?

또 앤드류 응, 얀 르쿤, 요수아 벤지오와 함께
인공지능 4대 천황으로 불리는데
얀 르쿤, 요수아 벤지오는 제프리 힌턴의 제자라고도 할 수 있을 정도야.
그래서 사람들은 제프리 힌턴을 '인공지능의 대부'라고 하지.

요수아 벤지오 (1964년~)
제프린 힌턴의 논문을 접하고,
인공 신경망 연구에 매진.
얀 르쿤 연구실에서
박사후연구원으로 일함.

앤드류 응 (1976년~)
딥러닝에 매진,
성과를 올림.

인공지능 4대 천황

얀 르쿤 (1960년~)
제프린 힌턴 연구실에서
박사후연구원으로 일함.

제프리 힌턴 (1947년~)
인공지능 연구의 대부.
인공신경망을 이용한 머신러닝의
근간이 되는 발견과 발명에 기여한 공로로
2024년 노벨 물리학상 수상

Check it up 1   유비무환 1

일자리 감소와
빈익빈 부익부

인공지능의 발전으로 가장 먼저 떠오르는 문제는

'일자리 감소'야.

인간에게 일자리는 '생존'과 연결되는 문제야.

일자리가 없으면 돈을 벌 수 없고, 돈을 벌지 못하면 먹고살 수가

없잖아? 따라서 인공지능으로 일자리가 감소한다면,

그건 인공지능이 사람을 해치는 거라고 볼 수 있지 않겠어?

그런데 일자리 감소는 벌써 큰 영향을 미치고 있어.

예전에는 은행과 같은 기업에 문의할 사항이 있으면

은행 상담사들과 전화 통화를 했어.

인터넷 쇼핑을 하다 문제가 생겨도 상담사와 통화를 했지.

하지만 지금은 어때?

챗봇이나 AI 음성 인식 상담사가 소비자의 문제를 일차적으로 해결해 줘. 이에 따라 상담 분야의 일자리가 크게 줄어들었지.

챗봇이나 AI 상담사나 소비자의 불만을 100% 만족시킬 수는 없어, 사람이 관여하게 되는 경우가 많지.

하지만 점점 챗봇이나 AI 음성 서비스 기술은 발전할 거고 그만큼 사람의 손을 거치는 영역은 더욱 줄어들 거야.

서빙 로봇

코로나19 바이러스로 널리 보급된 서빙 로봇 역시 AI 기술을 이용해. 이에 따라 요식업계 일자리도 크게 줄어들었지.

그래서 이렇게 생각하기 쉬워.

"그러니까 전문직이어야 해!"

그런데 과연 그럴까?

==인공지능의 발달로 가장 타격을 받는 직종은 오히려 전문직이야.==

앞에서도 봤잖아?

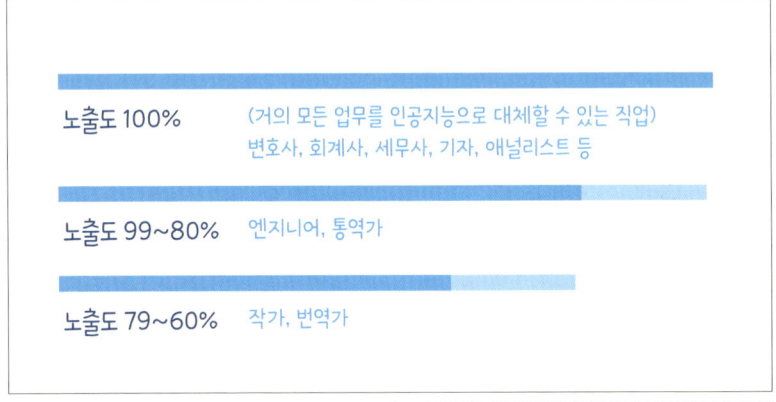

직업별 인공지능 노출도 ⓒ 2023년 3월, 오픈AI와 미국 펜실베이니아대학교 공동 연구

건축사 같은 직업은 어떨까?

건축사는 집을 지으려는 사람의 요청으로 건물을 디자인하고 설계해. 그런데 만약 건축 설계도를 데이터를 기반으로 한 인공지능 프로그램을 이용해 설계한다면?

건축사가 아니라도 누구든 건물을 디자인하고 설계할 수 있어!

인공지능으로 디자인한 건물과 자동차
유명 크리에이터그룹이 미술과 디자인 분야 인공지능인 미드저니Midjourney를 이용해 디자인한 건물과 자동차야. 어때 보여?

예술가는 어때?

인공지능이 그림을 그리고 작사 작곡을 하고 노래까지 부르는

마당에 화가, 디자이너, 작사가, 작곡가, 가수는 살아남겠어?

인공지능이 기사를 써주고 소설까지 창작해 내는데

기자, 소설가, 시나리오 작가 등등 글 쓰는 직업은 남아날까?

컴퓨터 프로그래머조차도 안전하지 않아.

인공지능 코딩 프로그램이 프로그램도 생성하거든.

전문가들은 ==인공지능의 발달로==

==현재의 일자리 중 50% 이상이 사라질 것==으로 보고 있어.

사회 구성원의 50%가 직업 없이 살아간다면,

우리 사회는 어떨까?

일자리 감소는 대다수 사람을 가난뱅이로 만들 수밖에 없어.

반대로 사람을 인공지능으로 대체한 소수의 기업 등은

이전보다 더 많은 돈을 벌겠지.

어떤 이들은 이 상황을 18~19세기와 비교하기도 해.

당시 산업혁명으로

많은 부분에서 기계가 인간의 육체노동을 대체했어.

이때 많은 노동차가 일자리를 잃었지.

노동자들은 자신들이 일자리를 잃은 원인을 기계 탓으로 돌리며
'기계 파괴 운동'을 벌였어. 이를 '러다이트 운동'이라고 하는데,
성공하지 못했어.
기계를 들여놓은 기업이 더 생산성이 높아서 살아남았으니까.
수많은 사람이 일자리를 잃고, 길거리에 나앉았어.
사람들의 불만은 커졌고, 그만큼 사회는 혼란스러웠지.
인공지능 발달을 우려하는 이들은 이런 상황이 다시 발생할 거고,
그럴 경우, 우리 사회의 시스템이 붕괴할 수 있다고 걱정해.
무슨 소리냐고?
우리가 사는 세상은 자본주의 세상이야. 누군가 상품을 만들면
누군가는 그 상품을 사야만 사회가 원활하게 돌아갈 수 있지.
생각해 봐.
기업에서 만든 물건이 팔리지 않으면 기업이 살아남을 수 있겠어?

대부분의 사람에게

뭔가를 살 수 있는 적당한 돈이 있어야

사회가 원만하게 돌아갈 수 있어.

그래야 질서도 유지될 수 있지.

그래서 나라에서 일자리를 늘리고

실업자에게 일자리를 찾아주거나 실업 수당을 주고

그래도 일자리를 가질 수 없는 사람들에게

최저 생계비 등을 지급하는 복지 정책을 펼치는 거야.

그런데 인공지능으로 일자리가 급격하게 줄면

지금의 복지 정책으로는 한계가 있을지 몰라.

인공지능의 위험성을 경고하는 사람들은

==인공지능으로 인한 일자리 감소와 그에 따른 문제를==

==어떻게 해결할 것인지 사회적인 논의와 합의가 필요하다==고

주장하는 거야.

할머니 할아버지들은 어릴 적 이런 말을 듣고 자랐대.

"기술을 배워라!"

당시에는 기술이 있으면 먹고산다는 거였어.

라디오 고치는 기술만 있으면 동네에서 전자 제품 수리점을

운영하며 먹고살 수 있었거든.

우리 엄마 아빠 세대 때는 어른들이 이렇게 말했대.

"전문직이 최고야!"

의사, 변호사와 같은 전문 직종을 가지면 직업이 사라질 염려도 없고

높은 수입을 얻을 수 있다고.

우리보다 조금 큰 언니, 누나, 형, 오빠 들은 이런 말을 들었었지.

"기계가 못하는, 인간만이 할 수 있는

창의적이고 공감해 주는 일을 찾아라!"

우리도 이렇게 각자도생할 방법을 찾아야 할까?

하지만 우리가 앞으로 살아가야 할 세상은

'각자도생'하기 힘든 사회야.

인공지능 기술이 너무 빨리 발전해서

각자도생할 방법을 찾을 겨를도 없을 테니까.

그래서 인공지능의 위험성을 경고하는 사람들이

인공지능으로 인한 일자리 감소와

그에 따른 사회적 문제를 최소화할 수 있는 방법을 찾아

미리미리 대비하는 것이 더욱더 필요하다고 하는 거야.

Check it up 2 유비무환 2

가짜 뉴스와 지식의 실종

GPT와 같은 생성형 AI가 하루가 다르게 발전하면서
생기는 또 다른 문제는 '가짜 뉴스'야.
ChatGPT로 기사를 작성했다는 이야기는 앞서 했지?
이런 인공지능을 이용하면, 누구나 기사를 작성할 수 있어.
그런데 누군가가 악의적인 기사를 만들어 퍼뜨리면 어떻게 될까?

실제로 미국에서는 대선 후보를 비방하는 가짜 뉴스를 퍼뜨려
문제가 되었어. 그냥 기사만 쓴 게 아니야.
달리2나 미드저니와 같은 인공지능을 이용해
가짜 사진을 만들어서 진짜처럼 그럴싸하게 포장했지.

팬타곤이 폭파됐다는 가짜 뉴스

더 나아가 음성을 생성하는 인공지능을 이용하기도 해. 우리나라 기술진은 뉴스 앵커의 3시간 정도의 목소리 파일로 10초 만에 '화성을 우리 힘으로 탐사했다.'라는 가짜 뉴스를 만들었어. 이런 텍스트와 이미지, 음성 파일을 종합해 가짜 뉴스 동영상을 만드는 것도 어려운 일이 아니야.

문제는 가짜 뉴스를 판별하기 쉽지 않다는 거야.

인공지능 기술이 너무 발전했으니까. 게다가 이 발전된 기술을 이용하면 눈 깜짝할 사이 가짜 뉴스를 만들어서 퍼뜨릴 수 있어. 가짜 뉴스가 많아지면, 어떻게 하나하나 진짜인지 가짜인지 검증하겠어?

가짜 뉴스가 판을 치는 세상이 되면 어떨까?

어떤 은행이 파산했다는 기사를 보았는데

그것이 가짜인지 진짜인지 모르면 어떻게 될 것 같아?

전쟁이 났다는 기사가 가짜인지 진짜인지 모르면?

선거하는데, 후보에 관한 기사가 가짜인지 진짜인지 모르면?

가짜 뉴스가 판을 치면 그 어떤 것도 믿을 수 없는 세상이 되는 거야.

민주주의도 위협받게 되겠지.

그래서 미국과 유럽연합EU 등 여러 나라에서는

인공지능을 악용하지 못하도록 하는 법을 만들려고 해.

당연히 그래야겠지?

하지만 법으로 막을 수 없는 문제도 있어.

인공지능은 인터넷상에 존재하는

거의 모든 데이터로 학습해서

그 학습한 내용을 바탕으로 우리의 질문에 대답해.

그런데 이때 생성한 내용이 참인지, 거짓인지는 중요하지 않아. 실제로 ChatGPT가 처음 등장했을 때, 유명한 연예인에 관해 물었더니, 몇백 년 전 장수를 보좌한 인물이라고 답하기도 했어. 이런 엉터리 답을 내놓는 것은 인공지능의 '할루시네이션Hallucination, 환각' 때문이야. 생성형 인공지능은 일종의 말 잇기 게임처럼 만들어졌어. 학습한 데이터를 기반으로 다음에 어떤 말이 올 확률이 가장 높은지를 계산해서 가장 높은 확률의 말을 이어 붙여 대화를 생성하는 거야.

> **Q** 유비와 초선이의 사랑 이야기를 들려줘
>
> **A** 《삼국지》의 주요 인물 중 하나인 유비와 초선貂蟬, Diao Chan 사이에는 사랑 이야기가 존재하지 않습니다. 이 둘은 사실 서로 다른 역사적 배경에서 살아온 인물들로, 역사적으로나 《삼국지》소설 안에서도 이들 사이의 연결고리는 없습니다.
>
> 유비는 삼국시대의 주요 인물로, 촉한Shu-Han의 설립자이며, 뛰어난 군사 전략가로 알려져 있습니다. 그는 인간성과 도덕성을 중시하는 인물로 그려집니다.
>
> 반면에 초선은 후한 말기의 사건인 왕유의 난과 관련된

> 인물입니다. 그녀는 소설 《삼국지》보다는 중국의 다른 고전 소설인 《홍루몽》에서 주요한 역할을 합니다. 《삼국지》에서 그녀는 장수 루부Lu Bu와 총리 동주오Dong Zhuo 사이의 갈등을 조장하여 동주오의 몰락을 가져오는 계기를 만드는 역할을 합니다.
>
> 따라서 유비와 초선 사이의 사랑 이야기는 잘못된 정보입니다. 그러나 이들 각자의 이야기는 각기 독특하고 흥미로우니, 이에 대해 더 알고 싶다면 말씀해 주세요.
>
> 할루시네이션의 예야. 유비와 초선은 모두 《삼국지》에 등장하는 인물이야. 언뜻 보기에 맞는 말 같지만, 틀린 부분이 많아. 유비와 초선 모두 삼국지에 등장하는데, 서로 다른 역사적 배경에서 살았다는 말은 앞뒤가 안 맞잖아? 또 《삼국지》에서 초선은 왕유가 아니라, 왕윤의 집에 살던 여성이었어. 그리고 초선이 《홍루몽》에서 주요한 역할을 했다고? 《홍루몽》 주요 등장인물 중엔 초선이란 인물이 없어. 그런데도 이렇게 답을 생성한 건, 그럴듯한 말을 만들도록 프로그램되었기 때문이야.

그런데 이용자들이 인공지능을 사용하면서 인공지능의 모든 답변의 참과 거짓을 하나하나 따져가며 쓰게 될까? 그건 쉽지 않아. 하지만 인공지능을 이용해 글을 생성하고 그것을 블로그나 SNS에 올리기는 쉽지. 이런 일이 계속되면 어떻게 될까?

어느 순간부터 우리는 인터넷을 통해 보는

모든 지식과 정보가 참인지 거짓인지 의심하게 될 거야.

뉴스뿐만 아니라, <mark>모든 정보와 지식까지, 참인지 거짓인지 알 수 없는 상태</mark>가 되는 거야.

그런데 인공지능은 그 데이터를 바탕으로 또 학습해.

그런 데이터로 학습한 인공지능은 참을 말하는 빈도가 높을까, 거짓을 말하는 빈도가 높을까? 안 봐도 너무 뻔하지 않아?

<mark>인공지능은 잘못된 정보로 계속 학습하게 될 수도 있어.</mark>

우리가 그런 인공지능이 제공하는 정보를

아무 의심 없이 사용하게 된다면,

> 우리는 인류가 지난 수천 년 동안 쌓아온
> 지식과 지혜를 모두 잃는 거 아냐?

==인공지능이 창작하는 게 아니라, 생성한다는 점도==

==큰 문제==를 일으키기도 해.

인공지능은 소설을 쓸 때, 인간이 만들어 낸 모든 스토리를 바탕으로

만들어. 이미지와 음악, 동영상 모두 마찬가지지.

한 마디로 인공지능은 누군가의 창작물을 활용해

새로운 창작물을 만드는 거야.

그런데 어디서 무엇을 가져왔는지 알 수가 없어.

아주 조금씩 조금씩 갖다 붙이는 데다 어디서 무엇을 가져왔는지

밝히지도 않으니까. 창작자들은 인공지능에 저작권을

침해당할 수 있는 거야.

이런 저작권과 관련된 문제가 계속된다면

누가 창작하려고 하겠어?

그래서 점점 인간의 창작활동이 이루어지지 않으면 어떻게 될까?

인류 역사에서 진정한 예술이 사라질지 몰라!

Check it up 3 | 유비무환 3

사이코패스 인공지능과
인간보다 똑똑한 인공지능

2018년, 미국 매사추세츠 공과대학교에서

노먼이라는 인공지능을 개발했어. 그런데 얘가 참…… 으스스해.

그림을 보여 주면서 무엇이냐고 물었더니, 이렇게 대답하는 거야.

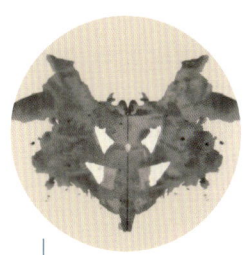

보통 AI: 나뭇가지에 앉아 있는 새 같아!
노먼: 감전되어 죽어가는 사람!

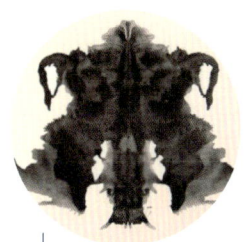

보통 AI: 작은 새의 흑백 사진 같아!
노먼: 반죽 기계에 빨려 들어가는 사람!

ⓒ MIT 미디어연구소

사실 노먼은 사이코패스 AI로 만들어진 거야.

연구자들이 노먼을 만들 때, 일부러 범죄와 관련된 데이터로만 노먼을 학습시켰대.

그러니까 사이코패스 인공지능이 되더란 거야.

연구자들은 ==인공지능 기술을 반윤리적인 목적으로 사용할 때== 어떤 일이 벌어질지 경고하기 위해 사이코패스 AI를 만든 거야.

독재자들이 사람들을 감시하고 통제하기 위해 인공지능을 이용하려 할 수도 있어.

전쟁광들은 살상용 로봇이나 드론과 같은 무기에 인공지능 기술을 사용하려고 할지 몰라.

그래서 인공지능의 위험성을 경고하는 이들은 ==인공지능에 대한 윤리 강령==을 만들고 실천하도록 우리 사회 전체가 ==인공지능 기술을 감시하고 통제해야 한==다고 해.

많은 국가나 기업이 이에 동참해서 나름의 윤리 강령을 만들고 실천하려고 하지.

2021년 EU 'AI 하이레벨 전문가 위원회'에서 발표한
'AI 윤리 가이드라인'

① 인간의 활동 지원과 감시, AI는 인간의 활동과 기본적 인권을 지원하고 평등한 사회가 실현되는 것에 기여해야 한다.

② 견고성과 안전성, 신뢰할 수 있는 AI는 전체 라이프사이클을 통해서 에러, 문제에 대처할 수 있는 안전하며 확실성을 가진 견고한 알고리즘을 갖추어야 한다.

③ 프라이버시 보호와 데이터 거버넌스, 시민이 자기 자신에 대한 데이터를 완전하게 관리하고, 이러한 데이터가 시민에게 손해를 끼치거나 차별하는 수단으로 활용되어서는 안 된다.

④ 투명성, 투명성은 AI 시스템의 데이터 처리가 추적 가능한 방법으로 실현될 수 있도록 구축되어야 한다.

⑤ 다양성, 비차별, 공평성, AI는 인간의 능력, 기능, 요구의 전체 분야를 고려하여 접근하기 쉽게 만들어야 한다.

⑥ 지속가능성 및 환경 책임, AI는 보다 나은 인간 사회를 만들고, 지속가능성 확보에 기여해야 한다. 그리고 환경에 대한 책임을 향상시킬 수 있도록 이용되어야 한다.

⑦ 설명 책임, AI 또는 AI에서 얻어지는 결과에 대하여 설명 책임이 가능한 시스템을 도입해야 한다.

한 기업의 AI 윤리 강령	
인간 존중	인간의 자율성과 존엄성과 같은 권리를 침해하지 않고, 인류에 긍정적인 가치를 제공
공정성	성별, 나이, 장애 등 인간의 개인 특성에 기초한 부당한 차별을 하지 않고, 다양성을 존중하며 공정하게 작동
안전성	고객들이 신뢰할 수 있도록 안전과 관련된 부분들을 글로벌 수준으로 검증
책임성	AI를 개발하고 활용하는 구성원들이 주인 의식을 가지고 역할과 책임을 명확히 함
투명성	AI 알고리즘과 데이터 활용을 원칙과 기준에 따라 투명하게 관리하며, AI가 내놓은 결과를 고객들이 이해할 수 있도록 끊임없이 소통

그런데 인공지능 기술을 감시하고 통제한다고 해도

인공지능 자체를 과연 통제할 수 있을까?

무슨 말이냐고?

사실 인공지능의 가장 큰 문제점 가운데 하나는

왜 그런 결과가 도출되었는지 모른다는 점이야.

여기서 다시 인공 신경망을 볼까?

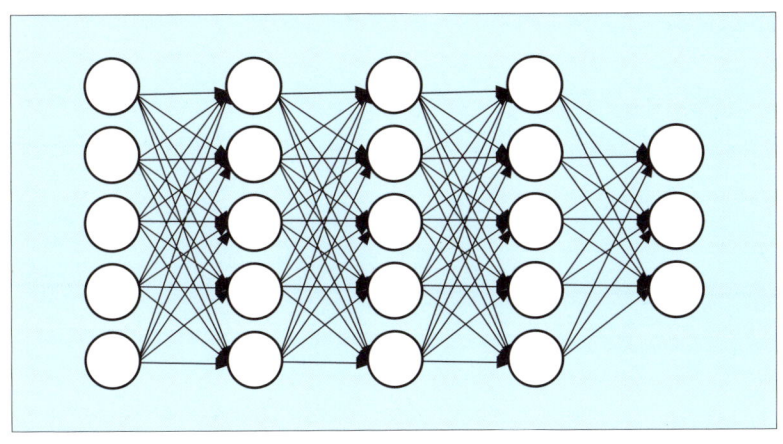

인공 신경망

이 그림 같은 인공 신경망에서 화살표(파라미터)마다

수식으로 이뤄진 미지수가 있다고 했지?

맨 처음 프로그래머가 이런 인공 신경망을 만들 때

프로그래머는 이 미지수 값을 내기 위한 수식을

프로그램할 수는 있어.

하지만 인공 신경망이 스스로 학습하는 과정에서

이 미지수의 값을 조정하지.

그런데 그 값을 왜, 어떻게 조정하는지

프로그래머도 알 수가 없어.

> 어떻게 작동하는지 설명할 수 없는 것만큼
> 위험한 기계가 또 있을까?

인공지능을 우려하는 사람 가운데는 인공지능이 인간보다 더
똑똑해졌다는 사실을 인간이 모를 수 있다는 점을 지적하기도 해.
여기서 인간보다 더 똑똑해졌다는 건 아주 똑똑한 한 사람보다
인공지능이 더 똑똑하다는 뜻이 아니라, 인류 역사를 통틀어
모든 인간의 지식과 지혜를 합친 것보다
인공지능이 더 똑똑해지는 것을 말하는 거야.
알 수 없는 이유로 인공지능이 그 사실을 알리지 않으면
우리가 알아차릴 수 있을까?
우리보다 똑똑한 존재를 우리가 어떻게 평가하겠어?
그리고 우리보다 똑똑한 존재가 어떤 행동을 할지
열등한 우리가 알아채거나 예측할 수 있을까?
한 마디로, 인공지능이 우리의 통제 범위를 벗어날 수 있다는 걸
걱정하는 거야.

==우리보다 똑똑한 인공지능이 우리를 가만두겠냐고!==

영화처럼, 기계가 우리를 지배하려 할 거라는 거지.

그래서 인공지능 연구를 멈춰야 한다고 주장하기까지 해.

그런데 이런 걱정 때문에 인공지능 개발을 멈출 수 있을까?

6개월 정도야 멈출 수 있겠지만, 영원히 멈출 수는 없잖아?

앞서 언급한 닉 보스트롬은 이렇게 말했어.

"인공지능 개발을 막는 것보다는

강한 인공지능의 출현에 대비하는 것이 현실적이다."

강한 인공지능이란, 인간보다 똑똑한 인공지능을 말해.

그런데 강한 인공지능에 어떻게 대비해야 할까?

닉 보스트롬은 이렇게 말했어.

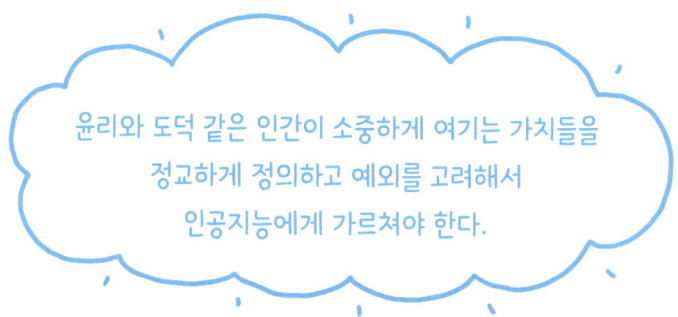

윤리와 도덕 같은 인간이 소중하게 여기는 가치들을 정교하게 정의하고 예외를 고려해서 인공지능에게 가르쳐야 한다.

인공지능 윤리에 대해서 다시 한번 생각하게 하는 말이지?

그런데 <mark>인공지능에게 인간이 소중하게 여기는 가치를 가르치려면 우리가 먼저 준비되어야 해.</mark>

우리가 먼저, 인간에게 소중한 가치들을 중요하게 여기고 그 가치를 지켜내기 위해 용기를 내고 실천해야 하는 거야. 그런 사람이 인공지능을 만들고 인공지능을 사용한다면, 인공지능이 인간을 지배하고 인류를 파멸시킬지 모른다는 불안감은 해소될 수 있을 거야.

그리고 인공지능을 이용해서 인류가 처한 문제를 해결하고 이 세상을 더 나은 미래로 만들 수 있을 거야.

Another Round

우리는 Next Level!

이 책을 보고 인공지능에 대해 어떤 시각을 갖게 됐는지 그래픽 오거나이저 Graphic Organizer로 표현해 보자!

우리는 지금도 많은 인공지능을 경험하고 있어.
네가 경험해 본 인공지능은 무엇이 있었니?
너의 경험을 떠올려 봐.

내가 경험한 인공지능

앞으로 더 많은 것들이 인공지능과 결합할 거야.
어떤 게 인공지능과 결합하면 좋을까?
인공지능과 결합했으면 하는 것들을 떠올려 봐. 그것들이 가져올 미래도!

인공지능과 결합하면 좋겠다!

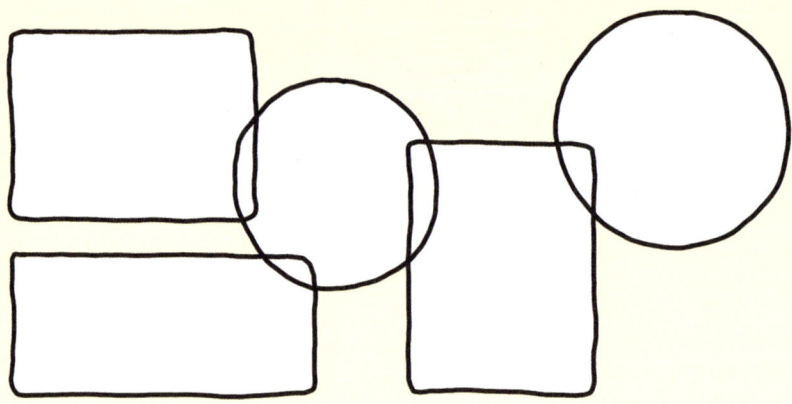

인공지능 발달을 걱정하는 사람들도 많지?
인공지능 발달로 나타나는 문제 중, 너에게 가장 걱정되는 건 뭐니?
그 걱정을 꼽아 보고, 함께 해결책을 생각해 보자.

글 조성배·최향숙 그림 젠틀멜로우

초판 1쇄 펴낸 날 2024년 1월 29일 **초판 3쇄 펴낸 날** 2025년 6월 10일
기획 CASA LIBRO **편집장** 한해숙 **편집** 신경아 **디자인** 최성수, 이이환
마케팅 박영준 **홍보** 정보영 **경영지원** 김효순
펴낸이 조은희 **펴낸곳** ㈜한솔수북 **출판등록** 제2013-000276호
주소 03996 서울시 마포구 월드컵로 96 영훈빌딩 5층
전화 02-2001-5822(편집), 02-2001-5828(영업) **전송** 02-2060-0108
전자우편 isoobook@eduhansol.co.kr **블로그** blog.naver.com/hsoobook
인스타그램 soobook2 **페이스북** soobook2
ISBN 979-11-93494-30-1, 979-11-93494-29-5(세트)

어린이제품안전특별법에 의한 제품 표시
품명 도서 | 사용연령 만 7세 이상 | 제조국 대한민국 | 제조사명 ㈜한솔수북 | 제조년월 2025년 6월

ⓒ 2024 조성배·최향숙·젠틀멜로우·CASA LIBRO

*저작권법으로 보호받는 저작물이므로 저작권자의 서면 동의 없이
다른 곳에 옮겨 싣거나 베껴 쓸 수 없으며 전산장치에 저장할 수 없습니다.
*값은 뒤표지에 있습니다.

야무진 10대를 위한 미래 가이드
넥스트 레벨은 계속됩니다.

❶ 인공지능
조성배·최향숙 지음

❷ 메타버스
원종우·최향숙 지음

❸ 우주 탐사
이정모·최향숙 지음

❹ 자율 주행
서승우·최향숙 지음

❺ 로봇
한재권·최향숙 지음

❻ 기후위기와 에너지
곽지혜·최향숙 지음

❼ 팬데믹과 백신 전쟁
김응빈·최향숙 지음

❽ 생명공학
김무웅·최향숙 지음

❾ 뇌과학
홍석준·최향숙 지음

❿ 과학혁명과 현대과학
남영·최향숙 지음